Kleine Geschichte Kölns

Der Autor
Martin Stankowski, Jahrgang 1944, arbeitet als Publizist, Geschichtenerzähler und Rundfunkautor in Köln.

1. Auflage 2004

Umschlagfoto: Manfred Linke/laif
Bilder: Gernot Huber/Köln-Archiv 95; Manfred Linke/laif 9, 27, 44, 91;
alle anderen: Verlagsarchiv
Lektorat: Astrid Roth, Köln
Umschlaggestaltung, Satz und Layout: Designbüro cobaltundco, Ute Lübbeke, Köln

ISBN 3-462-03550-9

Martin Stankowski

Kleine Geschichte Kölns

Von den Römern bis zur Gegenwart

GEW RheinEnergie

KÖLN KOMPAKT

KIWI Köln

[INHALT

[GRUSSWORT

Liebe Leserinnen und Leser,

die GEW Rheinenergie versorgt nicht nur die Stadt und deren Umland mit Strom, Wasser und Gas. Wir fördern außerdem Soziales, Kultur und Sport. So haben wir die GEW-Stiftung ins Leben gerufen, die sich nachhaltig im sozialen und wissenschaftlichen Bereich engagiert. Seit dem Jahr 2000 verleihen wir alljährlich den Kölner Medienpreis. Wir engagieren uns über den Stadtsportbund bei allen Amateurvereinen und haben Sponsoringverträge mit dem 1. FC Köln, den Kölner Haien, dem Vfl Gummersbach und mit dem Kölner Basketballteam RheinEnergie Köln. Nicht zuletzt haben wir dazu beigetragen, dass Köln seit dem Jahre 2004 ein schönes und zukunftstaugliches Fußballstadion besitzt, das zum Zeichen unserer Verbundenheit auch den Namen RheinEnergieStadion trägt. All diese Aktivitäten sollen dazu beitragen, unsere Region für ihre Bewohner und die Gäste aus dem In- und Ausland attraktiv zu machen. Daher ist es uns auch eine große Freude, zum Gelingen der hier vorliegenden Buchreihe Köln Kompakt beizutragen. Die Reihe wird Band für Band die sichtbaren Schönheiten sowie die verborgenen Schätze unserer Stadt beleuchten. Aufgrund ihrer attraktiven Gestaltung bei gleichzeitig unwiderstehlichem Preis passt sie hervorragend zu unserem Unternehmensmotto – fair und nah!

Viel Vergnügen bei der Lektüre wünscht
Ihr
Helmut Haumann
Vorsitzender des Vorstands der GEW RheinEnergie AG

Agrippina setzt ihrem Geburtsort ein Denkmal

Von den ersten Ackerbauern um 4500 v. Chr. bis zur Erteilung der Stadtrechte 50 n. Chr.

Es ist erstaunlich, dass es in Köln keinen Platz gibt, kein Gebäude an herausragender Stelle, nicht einmal ein Denkmal, das nach der Gründerin der Stadt, nach Julia Agrippina, benannt wäre. Lediglich ein Teilstück der Rheinuferstraße, das Agrippinaufer hinter der alten Universität, weist auf sie hin. Inzwischen gibt es immerhin eine Figur der Agrippina am Ratsturm – neben 121 anderen Prominenten. Vielleicht wäre das anders, wenn Agrippina eine stille, liebevolle und bescheidene Kaisergattin gewesen wäre. Doch sie war eine starke Frau, die mit den Mitteln der Zeit ihren Herrschaftsanspruch durchzusetzen wusste.
Am 6. November 15 n. Chr. wird sie in Köln als Tochter Agrippinas der Älteren, einer Enkelin des Kaisers Augustus, geboren. Ihr Vater Germanicus ist römischer Feldherr, damit gehört sie der römischen Oberschicht an. Mit 13 Jahren wird Agrippina zum ersten Mal verheiratet, aus dieser Ehe stammt ihr Sohn Nero. Danach heiratet sie den eigenen Onkel, den amtierenden Kaiser Claudius. In dieser Ehe wird Agrippina zur eigentlichen Regentin Roms, was selbst nach Urteilen ihrer Gegner der Stadt nach langer Zeit wieder eine stabile Regierung beschert. Folgt man den Chronisten, besteht ihr einziger Mangel darin, kein Mann zu sein.
Agrippina wird bis heute mit Machtgier und Zügellosigkeit, mit Mord, Totschlag und sexuellen Ausschweifungen in Verbindung gebracht. Nach dem Tod ihres Mannes wird sie von dem eigenen Sohn und neuen Kaiser Nero politisch ausgeschaltet und auf seinen Befehl im Alter von 44 Jahren ermordet.

Poblicius-Denkmal im Römisch-Germanischen Museum: Ein Weinhändler lässt sich ein Grabmal errichten.

[Eine Stadt nach römischem Muster

In der Zeit der Ehe von Agrippina und Claudius erhielt die römische Siedlung am Rhein die Stadtrechte, womit Agrippina ihren Geburtsort sozusagen adelte. Der Name »COLONIA CLAUDIA ARA AGRIPPINENSIUM« (CCAA) enthält ein knappes Entstehungsprogramm Kölns und bedeutet: Eine Stadt nach römischem Muster (COLONIA) wurde zur Zeit des Kaisers Claudius (CLAUDIA) eingerichtet, sie hat bereits einen Altar (ARA) und Agrippina hat dies alles veranlasst (AGRIPPINENSIUM). Bis ins 5. Jahrhundert hießen auch die Einwohner »Agrippinenser«, dann setzte sich all-

Links hinten ist Agrippina, links vorne Kaiser Claudius zu sehen, rechts Agrippinas Mutter und ihr Vater Germanicus.

mählich der Name »Colonia« und später »Köln« durch.
Die Siedlung am Rhein ist viel älter als die Stadtgründung: Um 4500 v. Chr. siedelten sich hier die ersten Ackerbauern und Viehzüchter an. Drei Generationen vor Agrippina, um das Jahr 53 v. Chr., hatte Cäsar die linksrheinischen Gebiete in der Eifel und der Kölner Bucht entvölkert und die damals dort lebenden Eburonen entweder vertrieben, versklavt oder umgebracht. Um auch die rechtsrheinischen Gebiete unterwerfen zu können, wurden Militärstützpunkte entlang des Rheins angelegt.
»Köln« lag topographisch und strategisch günstig: Der Rhein floss seinerzeit als wilder Strom dahin, mit zahlrei-

Mittelbogen des römischen Nordtors, heute im Römisch-Germanischen Museum.

chen Nebenflüssen, toten Armen und Überschwemmungsgebieten. Ein Areal von etwa einer Quadratmeile ragte einige Meter daraus empor. Der römische General Agrippa, der Großvater von Agrippina, ließ an dieser Stelle um das Jahr 39 v. Chr. ein Lager anlegen. Der Höhenunterschied von etwa zehn Meter ist heute noch im Stadtbild auszumachen: im Verlauf der römischen Stadtmauer, ganz deutlich zum Rhein hin neben dem Römisch-Germanischen Museum, dem Rathausturm und hinter Maria im Kapitol. Hier führen immer noch Treppen »hinab«.

In dem Areal wurden zwei römische Legionen stationiert und nebenan römertreue Germanen, die Ubier, angesiedelt. Dieser Stamm war von der unteren Sieg auf der anderen Rheinseite und hatte sich, anders als die Vettern, auf die römischen Fleischtöpfe eingelassen – es entsprach der römischen Eroberungspolitik, die unterworfenen Völker entweder als Verbündete zu befrieden oder sie als Gegner auszuschalten. Die neue Siedlung Köln, das »oppidum Ubiorum«, war in dem römischen Imperium als Provinzhauptstadt vorgesehen, und erst als sich nach vielen vergeblichen Anstrengungen um mehr Einfluss und einigen militärischen Niederlagen der Rhein als natürliche Grenze herausstellte, wurde Köln zur Grenzstadt und erhielt einen römischen Stadthalter, einen Prätor. In dieser Zeit, Mitte des 1. Jahrhunderts n. Chr., entstand die römische Stadtmauer, um die Siedlung als Bollwerk zu befestigen.

Das Deutzer Kastell: ein Brückenkopf auf der Schäl Sick.

Die römische Stadt

Von den Anfängen der römischen Stadt bis zum Tod Silvanus'

Ein römischer Stützpunkt im Norden der Provinz, das heutige Xanten, einer im Süden, Mainz, und Köln in der Mitte wurden durch eine Militärstraße verbunden, die quer durch die Garnison hindurchführte – beim nördlichen Tor herein und im Süden wieder heraus. Die Hohe Straße folgt noch dem Verlauf dieser ersten römischen Straße. Die Achse Bonner Straße–Severinstraße–Hohe Pforte–Hohe Straße und weiter nach Norden Marzellenstraße–Eigelstein–Neusser Straße zieht sich bis heute als schnurgerade Linie durch die Stadt. Etwa in der Mitte ging rechtwinklig eine zweite Hauptstraße ab, heute die Schildergasse. Die wichtigsten Landstraßen der Stadt lassen sich ebenfalls auf römischen Ursprung zurückführen: Die Aachener Straße führte über Aachen nach Boulogne, einen römischen Seestützpunkt. Über die Luxemburger Straße erreichten die Römer ihre Siedlungen in Zülpich und Trier.

Die römische Zeit ist wahrscheinlich die einzige Bauepoche Kölns, die auf eine konsequent geplante Stadtentwicklung verweisen kann: mit regelmäßigen Häuserblocks, breiten Straßen und Plätzen, einer großen Frischwasserleitung aus der Eifel und mächtigen Abwasserkanälen, von denen einer mit über 100 Metern Länge noch in der zweiten Tiefebene neben dem Rathaus erhalten und zugänglich ist. Gewerbebetriebe wurden am Rand der Stadt angesiedelt und, wenn sie störten, auch außerhalb entlang der Ausfallstraßen. So hat man im Süden, Westen und Norden vor den römischen Stadtmauern Reste von Ziegeleien, Glasfabriken und Töpfereien gefunden, die wegen der Brandgefahr – damals wurde

in erster Linie mit Holz gebaut – ausgesiedelt wurden. Auch Leimsiedereien befanden sich vor der Stadtmauer, wohl wegen der Geruchsbelästigung.
Die Ausfallstraßen hatten neben den Funktionen für Gewerbe und Transport noch eine weitere wichtige Bedeutung in der römischen Stadtanlage: Die Römer begruben ihre Toten nicht auf Friedhöfen innerhalb der Städte, sondern legten die Gräber entlang der Hauptstraßen an, jeweils mit Gedenksteinen und Grabmälern, die die Vorbeikommenden an die Toten erinnern sollten. Die Reichen lagen vorn an der Straße, oft mit großartigen Bauten wie das Poblicius-Denkmal, das am Chlodwigplatz gefunden wurde, und die Armen weiter hinten. So entstanden im Laufe der Generationen große Friedhöfe – im Norden um den Eigelstein, im Süden entlang der Severinstraße, aber auch im Westen in der Gegend des heutigen Friesenviertels. Weil die Römer eine liberale Religionspolitik praktizierten, brachten die Soldaten und Händler aus dem weiten Römischen Reich die verschiedensten Kulte in die Stadt.
So wurden in Köln Gräber und Altäre von römischen und orientalischen, von keltischen und germanischen, von Mysterien- und von Hochreligionen gefunden, daneben Statuen von allgemein bekannten Göttern und von zahlreichen Göttinnen. Hier wurden Dionysos-Anhänger neben Isis-Priesterinnen, Gläubige der Mithras-Gemeinde neben Matronen-Verehrerinnen, Christen oder Juden beerdigt. Natürlich entdeckte man viele christliche Gräber, und sicherlich hat es auch Märtyrer oder Märtyrerinnen gege-

Eine Szene aus dem Dionysos-Mosaik, das den Boden einer römischen Villa zierte.

ben, deren Gräber verehrt wurden. Die Christen hatten die Sitte, über den Gräbern ihrer Toten religiöse Erinnerungsfeiern abzuhalten. Dafür wurden Räume geschaffen, ähnlich Friedhofskapellen, die im Laufe der Zeit vergrößert und erweitert wurden. Das führte dazu, dass gegen Ende des 1. Jahrtausends auf den meisten der vormals römischen Grabfelder christliche Kirchen standen. Bedeutende romanische Bauten wie St. Ursula, St. Gereon oder St. Severin lassen sich auf solche früheren römischen Friedhöfe zurückführen.

[Über 20.000 Einwohner leben in der Großstadt

Das römische Köln war zur Zeit seiner größten Ausdehnung Mitte des 4. Jahrhunderts eine Großstadt mit über 20.000

Einwohnern. Man darf sich dabei den Begriff »römisch« nicht als Beschreibung einer italienischen Stadt vorstellen, sondern es handelt sich vielmehr um die Kennzeichnung einer durch das Römische Reich geprägten Lebensweise und Politik. Die Kölner bildeten einige Generationen nach der Gründung der Stadt eine bunte Mischung aus germanischen, keltischen, fränkischen sowie römischen Einflüssen. Nur die herrschende Oberschicht der Stadt, die Militärführung und die politischen Repräsentanten, kamen direkt aus Rom.
Die Stadt kannte natürlich soziale Auseinandersetzungen, Sklaven und Freie, Armut und Reichtum. Schon aus dem Jahre 14 n. Chr., also noch vor der Erteilung der Stadtrechte, ist ein erster Aufstand überliefert. Zwar handelte es sich dabei um einen Soldatenaufstand, dieser hatte aber soziale Ursachen. Die Masse der römischen Soldaten rekrutierte sich aus den städtischen Unterschichten Roms und aus den verarmten Bauern und Landpächtern, die von den Grundbesitzern vertrieben worden waren. Die »Habenichtse« wurden mit dem Versprechen geködert, nach 20 Jahren Militärdienst ein Stück Land in den eroberten Kolonien zu erhalten, eine Abfindung oder gar ein kleines Staatsamt. Die Zusicherungen konnten aber nicht darüber hinwegtäuschen, dass das Soldatenhandwerk schwere Arbeit war.
Nach dem Tod des Augustus 14 n. Chr. erhoben sich gleichzeitig in Ungarn und am Rhein die Soldaten und forderten soziale Verbesserungen sowie die Wiedererrichtung der Republik. Die Veteranen wollten zeitiger entlassen werden, die jungen Soldaten mehr Sold, die Schikanen der Haupt-

leute sollten aufhören und die harte Knochenarbeit beim Schanzen- und Grabenbau erleichtert werden.
Der kommandierende Germanicus, der Vater der Stadtgründerin Agrippina, schaffte es, einen Teil der Aufständischen mit Geld und dem Angebot vorzeitiger Entlassung zu spalten und den Rest in die Provinz Rätien zu versetzen. Die »Kölner« werden sich nicht eingemischt haben, gehört es doch seit den Ubiern zu einem Wesenszug kölscher Mentalität, sich Streitereien vom Hals zu halten und sich lieber zu arrangieren.
Ein weiteres Beispiel dafür findet sich im Jahre 70 n. Chr.: Als sich mehrere Germanenstämme unter Führung der Bataver gegen die Römer erhoben, konnten diese zunächst die römischen Soldaten militärisch zurückdrängen. In Köln kam es zu politischen Geheimgesprächen über die Gründung eines gallischen Sonderreiches. Die Agrippinenser vermieden eine Festlegung in diesem Konflikt. Diplomatisch leisteten sie zwar einen Eid auf das neue gallische Reich, kaum rückten jedoch die Römer unter Vespasian heran und schlugen den Bataver-Aufstand nieder, stellten sich die Kölner umgehend wieder auf die Seite der siegreichen Römer.
Die Stadt war nach und nach zur bedeutendsten Metropole am nördlichen Rhein geworden: mit dem Zuwachs weiterer öffentlicher Bauten im 2. und 3. Jahrhundert, einem ausgedehnten Prätoriumspalast auf dem mittleren Rheinhügel unter dem heutigen Rathaus, Hafenanlagen und Depots auf der Rheinhalbinsel – das heutige Martinsviertel –, einer ersten steinernen Rheinbrücke 310 n. Chr. und vielen Tempeln, Thermen und Villen für die besseren Leute. Die

meisten Häuser und Gebäude waren aus Holz, und nur was in Fundamenten aus Stein erhalten geblieben war, konnte später ausgegraben und archäologisch gesichert werden.

[Die römische Herrschaft geht zu Ende

Im Jahr 355 kam es zu dem dramatischen Ereignis, das das Ende der römischen Herrschaft einläutete: Der römische Kaiser schickte den fränkischen Feldherrn Silvanus nach Köln, um germanische Angriffe abzuwehren. Dieser aber nutzte die Gelegenheit und ließ sich am Rhein selber zum Kaiser ausrufen. Daraufhin erschien aus Rom ein Untersuchungsausschuss, der sich als Richter und Henker zugleich betätigte und Silvanus hinrichten ließ. Silvanus hatte sich auf der Flucht vor seinen Mördern in einen christlichen Versammlungsraum (»conventicium ritus christiani«) im Prätoriumsbereich retten wollen, was ihm zwar nichts nützte, uns aber den ersten Hinweis auf einen christlichen Kultort einbrachte.
Im selben Jahr drangen fränkische Haufen und Krieger über den Rhein vor und eroberten und plünderten Köln. Es dauerte dann zwar noch ein Jahrhundert, bis es mit der römischen Colonia völlig zu Ende ging, aber dieses Ereignis ist ein Beleg dafür, wie wenig die ferne Zentralmacht Rom zu dieser Zeit noch in der Lage war, ihre Vorposten wirkungsvoll zu schützen.

Die offene Stadt der Franken

Von der Eroberung durch die Franken 355 bis zur Ernennung Hildebolds zum Erzkaplan des fränkischen Reiches 791

Köln war während der Frankenzeit eine Art »offene Stadt«. Die noch existierende römische Stadtmauer hatte kaum noch eine militärische Funktion, die Mauersteine wurden wie aus einem Steinbruch für andere Bauten entnommen. Lokaler und regionaler Güteraustausch war an die Stelle des Fernhandels getreten, das Leben wurde vorwiegend durch agrarisch-ländliche Existenz bestimmt, kurzum: Man brauchte keine Städte als Metropolen. Die Zahl der Städtebewohner wird in dieser Zeit entsprechend zurückgegangen sein und das Umland an Bedeutung gewonnen haben. Damals entstanden auch die fränkischen Höfe rund um Köln, manche davon sicher auf alten römischen Ansiedlungen. Sie sind in einigen Fällen auch heute noch an den Ortsnamen zu erkennen, wenn sie etwa auf »-heim« enden (Mauenheim), auf »-ingen« oder »-steden« (Knechtsteden), auf »-lar« (Liblar) und auch auf »-dorf« (Junkersdorf). Viele dieser Höfe wurden später zum Siedlungskern kleiner Dörfer rund um die Stadt, und manche davon sind heute Kölner Vororte. Zum Teil sind sie auch noch in den Straßenanlagen oder dem geschlossenen Siedlungscharakter zu erkennen – wie in Immendorf, im Süden Kölns, um die Kirche herum, in der alten Ortsanlage von Esch im Norden, das noch heute ein geschlossenes dörfliches Ensemble aufweist, oder auch in Buchheim, dessen Burg Herl ein fränkischer Königshof war, von dem aus eine »Honschaft« (Verwaltungsbezirk) des so genannten Deutzgaus verwaltet wurde.

Plektrudis – erste Herrscherin auf dem Kapitolshügel in Köln.

Köln war in dieser Zeit immer wieder Aufenthaltsort und Sitz der fränkischen Herrscher, wobei hierunter nicht eine feste Niederlassung wie in der römischen oder später der mittelalterlichen Zeit zu verstehen ist. Fürsten und Könige waren damals eine Art »Wanderkönige« mit wechselnden Aufenthaltsorten. Sie waren mit kleinem Stab und vielen Soldaten ständig unterwegs, um Machtpräsenz zu garantieren, Recht zu sprechen oder Verwaltungsaufgaben zu erledigen. Aus dieser Zeit rührt die erste Kenntnis eines heiligen Gereon, dessen Verehrung als Haus- und Hofheiliger aus einem südlicheren Siedlungsgebiet von den Franken ins Rheinland importiert wurde. Die Legendenbildung um den heiligen Kriegsdienstverweigerer setzte danach erst ein, machte aus ihm einen urkölschen Heiligen und verlegte die Geschichte seines pazifistischen Martyriums an den Rhein.

Aus der Epoche der merowingischen Franken im 6. Jahrhundert stammen Gräber einer Fürstin und eines Knaben, die unter dem Dom ausgegraben worden sind – unter anderem ein Hinweis auf die Stellung Kölns für die fränkischen Königsfamilien. Auch unter St. Gereon vermuten die Archäologen Königsgräber, haben jedoch noch keins gefunden – vielleicht deshalb nicht, weil die Kölner schon seit fast 1.000 Jahren in der Erde graben und dabei genau um den Wert der archäologischen Schätze und frommen Reliquien wissen.

Chlodwig wird getauft: Politik und Religion finden zusammen. (Darstellung aus dem 16. Jahrhundert)

Kirche und Bischof gewinnen an Macht

Während der Herrschaft der Merowinger wuchsen Kirche und Bischof enorme Macht zu. In dem Maße, wie das frühmittelalterliche Christentum an die Stelle der römischen Staatsreligion trat, übernahm es auch oft dessen Kultformen und religiöse Orte. Viele Tempel und so genannte heidnische Kultstätten wurden von den Christen einfach umfunktioniert, wie etwa Maria im Kapitol, das auf den Grundmauern des Tempels der kapitolinischen Trias Minerva–Juno–Jupiter steht. Die fränkischen Könige und deren Dienstadel übernahmen ebenso die feudalen Strukturen spätrömischer Grundherrschaften und die praktische Stadtherrschaft – im Gegensatz dazu hatten sich unter den östlichen Sachsen noch Reste der alten Bauernfreiheiten und des kollektiven Landbesitzes erhalten. In der allmählichen militärischen und politischen Unterwerfung der Sachsen durch die Franken kam der Kirche eine entscheidende Rolle zu. Sie konnte die Okkupation des sächsischen Reiches als Christianisierung verkaufen. Der entscheidende Sieg über die Sachsen gelang Karl dem Großen in einem Dreißigjährigen Krieg, der damit auch die Herrschaft des Kölner Erzbischofs erweiterte.
Um 800 wurde Köln zum Erzbistum und damit Mittelpunkt einer Kirchenprovinz, die im Westen Lüttich und Utrecht einschloss. Nach der Niederwerfung der Sachsen wurden 804 in Münster, Minden, Osnabrück und Bremen neue Bistümer eingerichtet und zum Erzbistum Köln geschlagen,

das damit praktisch vom südlichen Belgien bis vor die Tore Hamburgs reichte. Überreste dieses Teils der (Kirchen-) Geschichte sind bis heute in Form von Reliquienknochen in einigen Kirchen vorhanden: Dort werden jene als Heilige verehrt, die bei dem Versuch ums Leben kamen, die unwilligen Sachsen zu taufen. Auf die Reliquien eines gewissen Agilolf und die des Kölner Bischofs Hildeger stößt man im Dom, auf die Reste der Brüder Ewaldi in St. Kunibert. Agilolf starb als Diplomat im Dienste Karl Martells, Hildeger im Sachsenkrieg, und die beiden Brüder wurden bei der Sachsenmission in Dortmund-Aplerbeck erschlagen.
Freund und Mitstreiter Karls des Großen war Hildebold, der 787 von Karl zum Kölner Bischof und vier Jahre später zum Erzkaplan am kaiserlichen Hof gemacht wurde, zum »Archicapellanus«. Karl und Hildebold lernten sich einer Kölner Legende zufolge kennen, als der Kaiser ohne Begleitung und anonym in den Wäldern vor Köln jagte und dabei auf einen Priester stieß, der ihm zwar die Messe las, dafür aber kein Geld haben wollte. Das war so ungewöhnlich für den Klerus seiner Zeit, dass Karl diesen Einsiedler Hildebold zum Bischof in Köln erhob, als sich Geistliche und Bürger der Domstadt nach dem Tod des Vorgängers auf keinen Nachfolger einigen konnten.
Hildebold dankte es dem Gönner und Freund, indem er dessen wichtigster politischer Berater wurde – eine Liaison, die es fortan häufiger geben sollte, denn dem Machtstreben der Bischöfe waren durch die eigene Kinderlosigkeit natürliche Grenzen gesetzt.

Unter Bischofszepter und Schwert

Von der ersten Stadterweiterung im 9. Jahrhundert bis zum ersten Aufstand der Bürger gegen Erzbischof Anno 1074

Erzbischof Bruno, ein Bruder Kaiser Ottos I., war der erste in einer Reihe mächtiger Territorialfürsten, die nebenbei noch die Herren der Stadt Köln waren. Er regierte von 953 bis 965. Fast immer hatten diese Fürsten auch die Funktionen von kommandierenden Generälen, Außenministern oder Chefideologen der regierenden Könige oder Kaiser. Nach dem Mainzer Erzbischof wurde der Kölner der ranghöchste Kirchenfürst. Er genoss das Recht, den König in Aachen zum Kaiser zu salben, und durfte neben dem Papst sitzen. Im 11. Jahrhundert führten die Kölner Erzbischöfe schließlich den Titel »Erzkanzler des Römischen Reiches«. Dadurch, dass Köln nach der Niederwerfung der Sachsen wieder zum Mittelpunkt eines weiten Umlands wurde und nicht länger Grenzort war wie in den Jahrhunderten der römischen und fränkischen Zeit, setzte auch ein ökonomischer Aufschwung ein. Ausdruck davon ist bereits der Bau einer neuen Bischofskirche als Vorgängerbau des heutigen Doms durch Erzbischof Hildebold.
Im ausgehenden 1. Jahrtausend gewann der überregionale Handel an Bedeutung und der Gütertausch gegen Geld kam auf. Köln bot vor allem durch die Lage am Rhein günstige geographische Bedingungen für den Austausch von Waren. Der Fluss wurde zu einer Wasser- und Handelsstraße, an der sich gute Geschäfte machen ließen.
Den ehemaligen Seitenarm des Rheins vor der Römermauer im Gebiet des heutigen Alter Markt schüttete man zu und

Der erste Kölner Erzbischof Hildebold – das Mosaik stammt aus dem 19. Jahrhundert und liegt im Dom.

auf der früheren Halbinsel, dem heutigen Martinsviertel, entstand eine neue Händler- und Kaufmannssiedlung. Hier, unmittelbar am Rhein, wurden Hafenanlagen, Lagerschuppen und Kaufhäuser gebaut. Dieser Stadtteil wurde auch als Erster eingemeindet: Die alten römischen Stadtmauern – jetzt wieder in Funktion – wurden in Stand gesetzt und im Süden und Norden bis zum Fluss hin verlängert und die Händlervorstadt in deren Schutz mit einbezogen.

Ein nächster städtebaulicher Entwicklungsschritt wurde mit den neuen Palastbauten für die Mitglieder des erzbischöflichen Hofes im Bereich der Hohe Straße sowie mit weiteren kirchlichen Großbauten vollzogen: St. Andreas, Groß St. Martin und St. Pantaleon wurden um die Jahrtausendwende begonnen oder eingeweiht.

Die Gründung der Stifte an den uralten kirchlichen Verkehrspunkten, hervorgegangen aus den Kapellen und Kirchen auf den ehemaligen römischen Friedhofsfeldern, wurde ebenfalls für die Stadtentwicklung bedeutsam. Die nach bestimmten Regeln (Canones) zusammenlebenden Männer- und Frauengruppen wurden im Hochmittelalter zu den einflussreichsten und unabhängigsten Gruppen in der Stadt. Als Stifte hatten sie innerhalb und außerhalb der Stadt großen Landbesitz, waren juristisch und teilweise auch politisch unabhängiger in ihrer eigenen Immunität und selbstständiger gegenüber der kirchlichen Hierarchie als die Klöster. Es gab ausgesprochen edle Stifte, wie etwa St. Maria im Kapitol, ein Frauenstift, in das nur Frauen aus den allerbesten Kreisen, häufig nur aus höchstem Adel, aufgenommen wurden.

[Reliquien verhelfen Köln zu neuem Ruhm

Parallel zu dieser kirchenwirtschaftlichen Entwicklung verlief die Legendenbildung: Magische Riten und Praktiken gewannen an Boden. Dazu gehört an erster Stelle die weit verbreitete Reliquienverehrung und ihr Erwerb wurde zu einem Hauptprogramm der Zeit. Es entstanden die zahlreichen Heiligenlegenden, die die religiöse Aura um die verehrten Personen spinnen, wobei die Kölner eine besondere Fähigkeit entwickelten, nicht nur zahlreiche Heilige und ihre Überreste, sondern auch deren enorme Begleitscharen in der Stadt zu versammeln. Aus der bretonischen Königstochter Ursula und ihren elf Freundinnen, die vor Köln ermordet worden sein sollen, wurden 11.000, und dem römischen Gereon gesellt die Legende bald eine ganze Legion mit 6.666 Soldaten hinzu. Dieser Hang zur großen

An vielen Ecken in der Altstadt findet man die Anno-Köpfe: Erinnerungen an den ersten Aufstand in Köln.

Zahl ist leicht erklärbar, wenn man an die ausgezeichneten Absatzchancen von Reliquien rund um die Stiftskirchen denkt. In Zeiten absoluter Wundergläubigkeit und frommer Heiligenverehrung machte es auch kaum einen Unterschied, ob es sich bei den entsprechenden Knochenfunden um die Überreste eines römischen Legionärs oder einer heiligen Jungfrau handelte. Jeder Schädel bekam seinen Namen, wurde kostbar verhüllt und in einem wertvollen Reliquiar, einem »frommen« Schatzkästlein, geborgen, was Kirche, Handwerk und Handel zu immer neuen Umsatzsteigerungen verhalf. So wurde die Basis für das »hillige Cöln« gelegt und durch kostbare importierte Reliquien noch untermauert – wie etwa durch die Ketten und den Bischofsstab des heiligen Petrus, die der Kölner Erzbischof Bruno aus Rom besorgt hatte und die noch heute in der Domschatzkammer zu bewundern sind, und natürlich an erster Stelle durch die sterblichen Überreste der Heiligen Drei Könige.

Im ausgehenden 1. Jahrtausend gingen nach und nach weitere Hoheitsrechte, die vorher allein Kaiser oder König zustanden, auf die Territorialfürsten und die Erzbischöfe über: die Gerichtsbarkeit, das Markt- und Befestigungsrecht, die Münzhoheit, das Recht, Zölle zu erheben und das so genannte Judenprivileg einzutreiben. Als Gegenleistung musste der Stadtherr dem Kaiser 100 gepanzerte Reiter für seine Kriege stellen, was nach damaligen Wertvorstellungen nicht wenig gewesen sein dürfte.

Gegen Ende des 11. Jahrhunderts kam es in Köln schließlich zu den ersten sozialen Konflikten mit der neuen Schicht der

Ursula wird von den Hunnen erschossen – seitdem ist sie ein unerschöpflicher Reliquienschatz für die Stadt.

Kaufleute und Händler, die ihren Reichtum vermehrt, politisch aber noch keinen Einfluss hatte. Die erste überlieferte Stadtrevolte datiert aus dem Jahre 1074. Der als Kirchenstifter und Kunstmäzen bekannte Stadtherr und Erzbischof Anno hatte ein Kaufmannsschiff beschlagnahmen lassen – das wirkte offensichtlich wie der Funke im Pulverfass. Es kam zu einem Aufstand, den Annos Truppen zwar niederschlagen konnten, aber fortan gab es in beinahe jeder zweiten Generation handfeste Konflikte zwischen Bürgern und Bischof.

Die Kaufleute: Köln bürgerlich

Vom Anno-Aufstand bis zum Raub der Reliquien der Heiligen Drei Könige in Mailand 1164

Wie stark das bürgerliche Element neben dem kirchlichen die Zukunft der Stadt bestimmen sollte, belegt die zweite Stadterweiterung aus dem Jahre 1106. Damals wurden nach allen drei offenen, also nicht am Rhein gelegenen Himmelsrichtungen große Gebiete einbezogen: nach Norden der so genannte Niedrich, in dem, bisher noch vor der Stadt, die Stifte Kunibert, Andreas und Ursula lagen und wo reiche Bürger und städtische Korporationen großen Grundbesitz hatten, nach Westen St. Aposteln und nach Süden über St. Georg hinaus, wo ein Viertel der Schiffer, Fischer und Weberinnen entstanden war, die »Oversburg«. Die Umwallung folgte dabei natürlichen Talrinnen und ist heute noch im Niveauunterschied, etwa beim Perlengraben oder im Straßenverlauf der Eintrachtstraße, auszumachen. Zum Teil erinnern auch noch Straßennamen wie die Alte Wallgasse oder der Katharinengraben daran.

Weil 1106 eine Belagerung drohte, wurden in einem gemeinsamen Kraftakt der Bürger Gräben und Wälle angelegt. Dieses Gemeinschaftshandeln zum Schutz vor äußeren Feinden drückte sich bald auch in gesellschaftlicher Repräsentanz aus: Aus dem Jahre 1112 ist eine erste »Schwurvereinigung für die Freiheit« überliefert. Wenige Jahre später wird zum ersten Mal ein »Rathaus« erwähnt, ebenso die »Richerzeche«, wörtlich: eine »Zeche der Reichen«, eine Vereinigung mit der Absicht, Handel und Handwerk zu kontrollieren. Dies alles sind Vorformen bürgerlicher Selbstverwaltung, die auch dem Zweck dienten, der kirchlichen Herr-

Die Gebeine der Heiligen Drei Könige befinden sich seit 1164 im Kölner Dom.

schaft nach und nach wirtschaftliche und politische Rechte abzutrotzen. Zweimal kam es in diesem Jahrhundert noch zu Aufständen und Erhebungen. Dabei fochten jedoch, im Unterschied zur ersten Stadtrevolution, die Bürger zusammen mit dem Erzbischof gegen den Kaiser, der ebenfalls versuchte, die erstarkenden Kräfte zurückzudrängen. Eine gewisse Beruhigung setzte mit dem Bau der großen

Die neuen Stadterweiterungen schließen an die alte Römerstadt an.

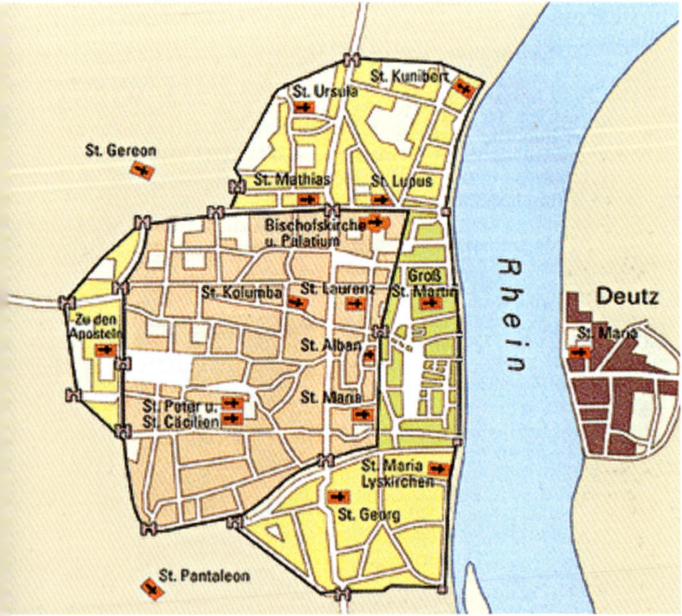

mittelalterlichen Stadtmauer ein, die im Jahre 1180 begonnen wurde und deren Fertigstellung rund 50 Jahre dauerte. Ein für damalige Verhältnisse riesiges Gebiet wurde jetzt eingeschlossen und geschützt – nicht nur militärisch, sondern auch ökonomisch.
»Stadt« hat im Mittelalter immer auch bedeutet, den Zuzug vom Land zu kontrollieren und den Weggang von handwerklichem Wissen zu verhindern.
Zunächst wurde der Mauerhalbkreis auf der Landseite mit etwa 5,5 Kilometern Länge und zwölf Toren gebaut, später auch eine Befestigung entlang des Rheinufers auf einer Länge von knapp drei Kilometern mit über 30 Eingängen. Drei der alten Stadttore gibt es heute noch, und auch der genaue Verlauf der Mauer lässt sich an den inneren Wallstraßen verfolgen: vom Severinswall im Süden über Kartäuser- und Pantaleonswall bis zum Thürmchenswall im Norden.
Köln wurde mit dem Bau der Mauer und rund 40.000 Einwohnern die größte Stadt nördlich der Alpen. Mit einem Gebiet von über 400 Hektar Fläche war sie groß genug, bis ins ausgehende 19. Jahrhundert Reserveflächen für Wohnungen und öffentliche Bauten bereitzustellen sowie umfassende landwirtschaftliche Nutzung, Weinbau, Gemüsefelder und Gärten innerhalb der Stadtmauern zu ermöglichen.
Trotz aller Größe und Mächtigkeit ist der Begriff »Stadt« für diese Zeit kaum mit heutigen Vorstellungen zu füllen, nicht nur deshalb, weil es kaum zentrale Versorgungseinrichtungen im Mittelalter gab – keine öffentliche Wasserleitung, kaum Abflüsse, keine Müllabfuhr –, auch das ganze Sozial-

system war auf die freiwillige karitative Leistung Einzelner oder religiöser Einrichtungen angewiesen.

[Die »Ungläubigen« auf die Scheiterhaufen

Karitativem Verhalten stand die Verfolgung von Minderheiten in dieser Zeit gegenüber. Im 11. und 12. Jahrhundert kommt es zu den ersten Pogromen gegen Juden und zur Verfolgung der Ketzer. Im Jahre 1096 sammelt sich in Köln unter den Aufrufen des Peter von Amiens ein Kreuzfahrerheer aus fast 15.000 marodierenden Rittern und Soldaten. Auf dem Weg nach Jerusalem und zur Befreiung des Heiligen Landes aus den Händen der »Ungläubigen« richtet sich ihr Hass zunächst gegen die »Ungläubigen« im eigenen Land – die Juden. Mord, Zerstörung und Vertreibung waren das Ergebnis des religiösen Fanatismus.

Jüdische Bürger hatte es schon seit den spätrömischen Tagen in der Stadt gegeben. Sie hatten sich im 10. Jahrhundert in der Gegend um das heutige Rathaus angesiedelt. Das Schild »Judengasse« und der Platz vor dem Rathaus mit der ausgegrabenen Mikwe, dem jüdischen Kultbad, erinnern noch daran. Nach den ersten Pogromen entstand Anfang des 12. Jahrhunderts die jüdische Gemeinde neu, wurde aber eine Generation später wiederum verfolgt und unterdrückt.

Ähnlich erging es auch den anderen »Ungläubigen«, den so genannten Ketzern. So wenig die heimische Kirchengeschichte auch von ihnen weiß, das Wenige, was überliefert ist, deutet auf eine rege Ketzerbasis in Köln hin. Schon einer der ersten Kölner Bischöfe, Severin, soll sich auf einer Synode in Köln im Jahre 346 gegen seinen Vorgänger Euphrates durchgesetzt haben, der Anhänger der Arianer war. Die nächste Ketzernachricht stammt aus dem 12. Jahrhundert von den »Katharern«. Sie waren vor allem in Südfrankreich und Norditalien verbreitet, hatten aber in fast allen europäischen Städten mit entwickelten Arbeitsformen und Produktionsstrukturen ihre Anhänger.

Man kann den Katharismus über die theologischen Differenzen hinaus auch als Protest des fortschrittlichen Stadtbürgertums gegen die Fesseln des traditionellen Katholizismus verstehen. Städte wie Köln mit ihrer sozialen und wirtschaftlichen Sprengkraft waren der ideale Nährboden für die Ketzerei. Hinzu kommt noch, dass religiöse Häresien oft der einzig mögliche Ausdruck unterdrückter Schichten waren. Insbesondere für Frauen bot sich in der Ketzerei eine Möglichkeit der Religionsausübung, an der sie mit ihrer spezifischen Spiritualität teilhaben konnten, die in der römischen Männerkirche ausgegrenzt war.

Die Ketzer trafen sich, wie eine zeitgenössische Quelle berichtet, in »Kellern und Weberstuben und unterirdischen Häusern«, wohlwissend, was ihnen drohte, wenn die herrschende Kirche sie in die Hände bekam. 1143 wurde in Köln eine Gruppe erwischt und in Anwesenheit des Erzbischofs verhört und verbrannt. Sie nannte sich »pauperes Christi« und vertrat das Ideal eines asketischen Lebens und der Besitzlosigkeit.

Genau 20 Jahre später, 1163, brannten erneut für vier Katharer die Scheiterhaufen auf dem »Judenkirchhof« im Süden der Stadt – heute das Gelände des Bahnhofs »Bonntor«, im Mittelalter einer der Hinrichtungsplätze Kölns. Die Ketzerei war offensichtlich so virulent in der Stadt, dass man später sogar einen abgefallenen Ketzer und berühmten Inquisitor, Petrus Martyr, zum Schutzpatron der mächtigen Zunft der Brauer machte.
Das Jahr 1164 hat nicht nur für die Kirchengeschichte Kölns ganz besondere Bedeutung. Der Kölner Erzbischof Reinald von Dassel war als Oberkommandant der kaiserlichen Truppen mit Friedrich Barbarossa nach Italien gezogen, um die auf ihre Freiheit bedachten oberitalienischen Städte niederzuwerfen. Auf einem dieser Raubzüge wurden die Mauern und alle Steingebäude Mailands, ausgenommen die Kirchen, geschleift. Bei der Plünderung der Stadt stand Reinald als Feldherr die wertvollste Beute zu: Er raubte die Gebeine der Heiligen Drei Könige und brachte sie heimlich nach Köln – eine entscheidende Zäsur für die Domstadt, weil schon bald dieser »Heilsschatz« im Christentum eine weltberühmte Rolle spielte. Von nun an riss der Strom der Pilger und Touristen nicht mehr ab, der den Sarg der Heiligen Drei Könige besichtigen und die Stadt Köln besuchen wollte. Nach Jerusalem, Rom und Santiago de Compostela war Köln damit zur bedeutendsten Religionsmetropole des Abendlands aufgestiegen.

Durch das Stapelrecht kommen die Kölner zu Wohlstand: eine Art lizensiertes Raubrittertum.

Köln als Großbaustelle: die romanischen Kirchen

Von 1164 bis
zum Stapelrecht
1259

Während des 12. und 13. Jahrhunderts muss man sich die Stadt Köln als riesige Großbaustelle vorstellen. Innerhalb weniger Jahrzehnte wurden nahezu alle romanischen Kirchen erweitert, um- oder ausgebaut und die großen Baukörper in der noch heute dominierenden Gestalt errichtet: 1065 begann man mit St. Maria im Kapitol, 1135 mit

Die Schlacht bei Worringen – Köln glücklich auf der Siegerseite. (Darstellung aus dem 15. Jahrhundert)

St. Ursula, 1150 mit St. Pantaleon, 1188 mit St. Georg, 1210 mit St. Maria Lyskirchen, 1215 mit St. Kunibert, 1219 mit St. Gereon, 1237 mit St. Severin und 1240 mit Groß St. Martin. Dazu kamen neue private Wohn- und Repräsentationsbauten und die Stadtmauer. Allein für den Mauerring und die Tore schätzt man, dass die gewaltige Steinmenge von 400.000 Kubikmetern verbaut wurde – mehr als eine Million Tonnen an Gewicht. Diese Masse konnte mit Schiffen bis an das Rheinufer transportiert werden und musste dann auf Karren oder von Lasttieren zu den Baustellen geschleppt werden.

Das Baugewerbe mit Steinbrucharbeiten, Steinmetzen, Architekten, Baumeistern und Transportarbeitern erklomm bald nach den Tuch- und Nahrungsmittelproduzenten den dritten Platz auf der Skala heimischer Gewerbe. Der große Bedarf an Eisenwerkzeugen vermehrte die Zahl der Arbeitsplätze in den Schmieden, und schließlich wurden auch Zimmerleute gebraucht, da Holz nicht nur für Schiffe und Wagen, sondern auch für Wege, Brücken, Gerüste bei den Großbauten und vor allem als Fachwerk für die Häuser benötigt wurde.

Eine ganz andere Erwerbsquelle neben den handwerklichen Berufen wurde der fromme Tourismus. Die große Fülle an prächtigen und wertvollen Reliquien sprach sich herum, der Besuch bei den Heiligen Drei Königen oder den 11.000 Jungfrauen wurde zur lebensnotwendigen Reise im christlichen Abendland – wie für die Muslime die Wallfahrt nach Mekka.

Den wirtschaftlichen Effekt dieses frommen Brauches werden die Stadtbürger und -bürgerinnen zu schätzen und zu pflegen gewusst haben, denn Gastronomie, Herbergsbetriebe, Restaurants, Nahrungsmittelproduktion, die Herstellung von Geschenkartikeln durch Goldschmiede, Buchmaler, Brokatweber oder Goldfadenspinnerinnen nahmen einen enormen Aufschwung, desgleichen aber auch die Prostitution. Es gab Berichte, denen zufolge sich an den bedeutendsten Fest- und Feiertagen bis zu 100.000 Besucher in der Stadt aufhielten, und das bei rund 40.000 Einwohnern! Es muss ein Gedränge und ein Rummel geherrscht haben, als ob gerade Rosenmontag wäre.
Im Jahre 1248 entschloss sich das Domkapitel, den alten Hildebolddom abreißen und einen neuen und größeren Dom bauen zu lassen. Dieser sollte alles Bekannte in den Schatten stellen. Historisch orientierte man sich jetzt nicht mehr an den romanischen Kirchen der monumentalen Gottesherrlichkeit, sondern nahm sich die französischen Königskathedralen zum Vorbild. So wurde der neue Dom zum ersten und zugleich größten Bauwerk der Gotik in Köln.

[Bürger und Erzbischof erneut im Konflikt

Politisch ist diese Zeit durch neue Auseinandersetzungen zwischen Bürgern und Erzbischof geprägt. Als die Erzbischöfe versuchten, die städtische Selbstverwaltung wieder rückgängig zu machen, kam es erneut zu bewaffneten Aus-

einandersetzungen: erst mit Erzbischof Konrad von Hochstaden, dann vor allem mit Engelbert II. von Falkenburg. Zwischen 1262 und 1271 findet eine Reihe von Revolten statt, bei denen sich die befestigten Stadttürme als entscheidendes militärisches Unterpfand für die Herrschaft herausstellen: Wer die Türme besetzt, hat die Stadtmacht.
In der Ikonographie um den Bayenturm, ein fast burgähnliches Bauwerk als südöstlicher Eckpunkt der Stadtmauer, heute der FrauenMediaTurm, ist dies in den Bildern und Zeichnungen vielfach überliefert.
Im Jahre 1262, beim Sturm auf den Bayenturm, sollen die Kölner übrigens zum ersten Mal den legendären Schlachtruf »Kölle Alaaf« ausgestoßen haben, der dann nach der Schlacht von Worringen 1288 erst wieder 1842 von dem preußischen König Friedrich Wilhelm IV. beim Weiterbau des Domes aufgenommen wurde und seitdem jährlich ab Wieverfastelovend in den Straßen und Sälen der Stadt erschallt.
Mit der Schlacht von Worringen, in der die Kölner

Der Bauer als Statussymbol der alten Reichsstadt Köln.

auf der Seite der Sieger standen – obwohl nur ein einziges Opfer zu beklagen war, und das war an Hitzschlag ums Leben gekommen – und der Erzbischof zu den Verlierern gehörte, ist der fast 200-jährige Kampf zwischen Bürgern und Bischöfen endgültig zu Ende: Der alte Stadtherr musste Köln verlassen, residierte seitdem in Bonn, Brühl oder im Sommer in Zons und durfte Köln nur mit Genehmigung des Rates betreten. Von seinen alten Herrschaftsrechten innerhalb der Stadt blieb ihm das Privileg der blutigen Gerichtsbarkeit, das heißt, das Vorrecht, Todesurteile zu verhängen. Ein anderes Privileg, das ihm die Kölner schon 1259 abgehandelt hatten, erwies sich langfristig von wesentlich entscheidenderer Bedeutung für das Wirtschaftsleben der Stadt: das so genannte Stapelprivileg. Ursprünglich zur Versorgung der fränkischen Wanderkönige und ihres Hofes eingeführt, war es auf die Territorialfürsten übergegangen, die es an die Stadt abtraten.
Das Stapelrecht bedeutete das Recht, alle auf dem Rhein vorbeischiffenden Waren und Produkte in Köln ausladen, »stapeln« und für drei Tage zum Kauf anbieten zu lassen, wobei die Kölner Kaufleute und Bürger das Vorkaufsrecht genossen. Die Folge war ein risikoarmes Handelsmonopol, das wesentlich zum ökonomischen Höhenflug Kölns in Handel und Transport und zu seiner Stellung als internationaler Hansestadt beitrug. Für die Kölner ein Privileg, war das Stapelrecht aus der Sicht fremder Kaufleute und Produzenten eine Art lizensierten Raubrittertums.

Der »Verbundbrief«, die neue Kölner Stadtverfassung von 1396.

Die Zünfte bestimmen

Von 1259 bis
zur Vertreibung
der Juden 1424

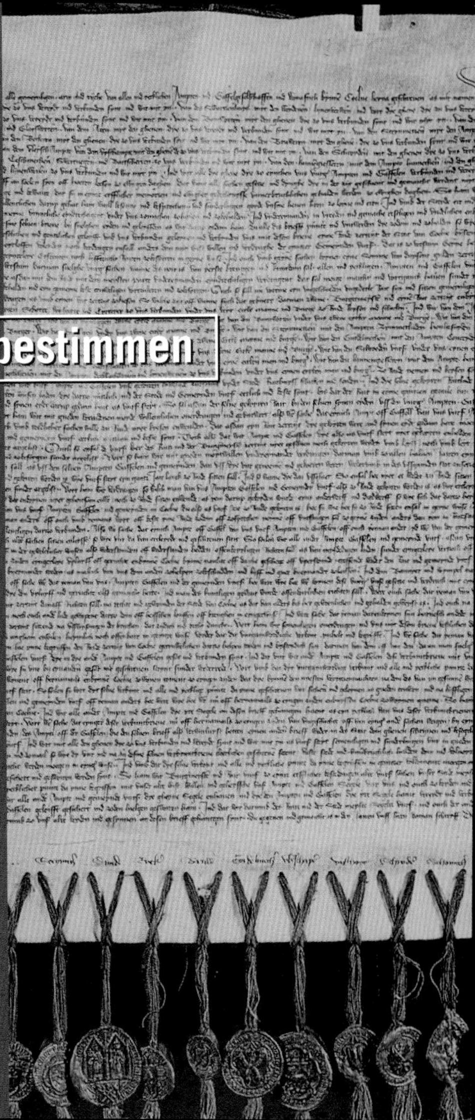

Die Pferdeköpfe am Richmodisturm.

Der Reichtum der Patrizier war ungeheuer. Sie finanzierten auch schon zu Zeiten der politischen Differenzen mit dem Kölner Erzbischof dessen Feldzüge, verliehen Geld in alle Welt, hatten großen Immobilienbesitz, spekulierten im Fernhandel und profitierten von zahlreichen technischen Neuerungen. Auf dem Rhein etwa unterhielten sie zwei bis drei Dutzend Wassermühlen, in denen Getreide gemahlen, Tuche gewalkt, Leder gegerbt, Eisenhämmer angetrieben wurden und Mahlwerke zur Bierproduktion liefen. Für jede Tätigkeit kassierten die Besitzer kräftige Gebühren. Um das Monopol zu sichern, wurde sogar in den Privathäusern der Betrieb von Getreidemühlen oder das Walken von Tuch unter Strafe gestellt.

Die politischen und Selbstverwaltungsgremien wie die Richerzeche, das Schöffenkollegium oder der Stadtrat, der im Jahre 1216 das erste Mal genannt wird, waren ausschließlich mit männlichen Vertretern der Kaufleute und

Patrizierfamilien besetzt. Einkommen und Reichtum durch Handel war jedoch nur die eine Seite der Stadtökonomie. Zunehmend rückte eine neue Gruppe in der Hierarchie nach vorn, die sich durch ihrer Hände Arbeit ernährte und zu Wohlstand kam: die Handwerker.

[Die Handwerker organisieren sich in Zünften

Sie schlossen sich in Gemeinschaften, den »Zünften«, zusammen, die zwei verschiedene Wurzeln hatten. Eine bestand in den laienreligiösen Bruderschaften, die es schon seit dem 10. Jahrhundert gab. Weil Gemeinschaftsbildung des Handwerks zunächst nicht gestattet war, verlegten sich die Bruderschaften auf eine gemeinsame religiöse Praxis, die in Prozessionen, Lichteropfern und der Organisation ihrer Begräbnisse Ausdruck fand. Sie sorgten aber auch für die Hinterbliebenen und praktizierten so etwas wie soziale Fürsorge. In Köln sind 150 Bruderschaften nachgewiesen, die jeweils ihr eigenes Patronat oder Matronat und spezielle Feiern und Bräuche hatten. Die erste Zunfturkunde aus dem Jahre 1149 gebraucht noch den Begriff der »fraternitas« oder kölsch »broiderschaft« zur Bezeichnung des Zusammenschlusses. Erst ab dem 14. Jahrhundert tauchen die Begriffe »Amt« oder »Zunft« auf. Als zweite Wurzel der Zünfte sind die handwerkliche Tradition mit kooperativen Arbeitsformen, die Organisation der Wissensweitergabe und später auch der Schutz des jeweiligen Berufszweigs zu nennen.

Mit dem Übergang von der romanischen zur gotischen Zeit und wesentlich durch die Kirchenbauten und die Bauhütten bestimmt, entstand für die Handwerker eine Umbruchsituation. Verfügten sie anfangs noch über ein breites Spektrum an Wissen, das die Kenntnis verschiedenster Arbeitsmittel, Geräte und Techniken einschloss, setzte nun eine größere Spezialisierung ein, die darauf gerichtet war, größere Mengen in kürzerer Zeit zu produzieren. In der Tuchindustrie etwa, für lange Jahrhunderte der bedeutendste Wirtschaftszweig Kölns, kamen neue Webstühle auf, mit denen meterlange Stoffe gewebt werden konnten, während die Tuche vorher meist nur körperlang waren und am Stück verarbeitet wurden. Erst mit der neuen Technik entstand zum Beispiel der neue Beruf eines Gewandschneiders.
Die Erweiterung der Technik und der handwerklichen Fähigkeiten zog eine Zunftgliederung nach sich, die exakt festlegte, was der eine noch machen durfte und wo das Handwerk des anderen begann. Die Zunftordnungen sind voll von Bestimmungen, die die Art der Ausübung des Handwerks und das handwerkliche Wissen regeln. Ende des 14. Jahrhunderts zählt man in Köln 42 Zünfte. Die größeren waren die der Wollweber, Schmiede, Goldschmiede, Bäcker, Metzger, Brauer, Schneider, Schuhmacher, Gürtler, Kürschner und Steinmetze, kleinere die der Glaser, Papiermacher, Seifensieder oder Kerzenmacher, um nur einige zu nennen.
Die Handwerker kamen bald zu Geld und drängten dementsprechend in die politischen Positionen, die ihnen bis

dahin verschlossen waren. Sie organisierten sich zusammen mit allen anderen Bürgern in »Gaffeln«, die im Unterschied zu den Zünften immer mehr zu politischen Vereinigungen wurden. Und nun wiederholte sich etwas Ähnliches wie vorher zwischen Kaufleuten und Erzbischof: Da die Patrizier nicht freiwillig auf einen Teil ihrer Macht verzichteten, kam es erneut zu Aufständen und Revolten.

1370 ist das Jahr des »Weberaufstands«, nach modernen Begriffen vielleicht der ersten Revolution überhaupt in Köln. Das Weberhandwerk war nicht nur der größte Arbeitgeber der Stadt, sondern kannte auch die am weitesten entwickelte Arbeitsteilung. Etwa 300 Weberwerkstätten gab es in Köln, und wenn man alle damit zusammenhängenden Tätigkeiten hinzurechnet, waren wohl mehrere tausend Menschen dort beschäftigt, da zu einem Webstuhl bis zu 30 Männer und vor allem Frauen gehörten.

Der unmittelbare Auslöser des Weberaufstands war ein neuer Rheinzoll am Bayenturm, von dem vor allem die auf Export und Handel mit dem Oberrhein angewiesenen Handwerker und Weber betroffen waren. Der Aufstand weitete sich bald zu einem politischen Konflikt aus, in dem die Ausschaltung der stadtbeherrschenden Richerzeche und die Beteiligung der Handwerker am Rat gefordert wurde. Fast zwei Jahre lang konnten die Weber das Stadtregiment bestimmen, dann unterlagen sie einer Koalition aus Patriziern, Kaufleuten und dem Kaiser.

Am 20. November 1371 kam es zu einer blutigen Schlacht in der Nähe des Waidmarkts und der Bäche, an denen die

Werkstätten hauptsächlich lagen. »Die Straßen färbten sich vom Blut der Weber«, heißt es in einer Chronik über die Weberschlacht. Viele wurden erschlagen, der Rest vertrieben, der Besitz eingezogen. Der »Erfolg« war allerdings nur von kurzer Dauer, denn schon 20 Jahre später kam es zu einer weiteren Kraftprobe, diesmal aber begleitet von Streitereien unter den Patriziern selbst.

Das Jahr 1396 ist mit dem Sturz der »Geschlechterherrschaft« ein entscheidendes Datum in der lokalen Verfassungsgeschichte. Jetzt trat der »Verbundbrief« in Kraft, in dem sich alle Zünfte und Gaffeln zum Rat der Stadt Köln »verbanden«. Die Schicht der Handwerker rückte damit in die Selbstverwaltungskörperschaft der Stadt ein, und die alten patrizischen Familien wurden teils entmachtet und teils vertrieben. Als man wenig später, im Jahre 1407, den Ratsturm als stolzes Symbol städtischer Freiheit errichtete, wurde lange erzählt, er sei mit dem Geld der verjagten Geschlechter finanziert worden.

Frühere Stadtpatrioten priesen bisweilen den »Verbundbrief« als erste demokratische Verfassung Kölns. Das war er ganz sicher nicht. Nach wie vor gab es keine politische Vertretung aller Kölner und Kölnerinnen oder auch nur aller gesellschaftlichen Gruppen. Die Herrschaft über die Stadt teilten sich statt ein bis zwei Prozent jetzt vielleicht zehn Prozent der Bürger. Rund 4.000 Zunftangehörige konnten in den Organen der Stadtverfassung mitwirken.

Neben dem vollberechtigten männlichen Bürger gab es weiterhin unmündige Bürgerinnen, Geistliche und Beginen,

Tuchhändler bei der Arbeit: Stoffe werden vermessen, Jacken werden genäht. Das Handwerk wird immer differenzierter in der Metropole Köln.

Gesellen und Mägde, Juden und Jüdinnen, Tagelöhner und Dienstbotinnen, Knechte und Arme. Sie alle waren als Vertreter/-innen in diesen Organen nicht vorgesehen.

[Wieder sind die Juden Sündenböcke

Die Ersten, die die neue Stadtmacht zu spüren bekamen, waren die Juden. Die neue Schicht engagierte sich kaum für die Rechte der Juden, die sie vor allem als lästige Konkurrenten ansah. Religiöse Vorurteile waren dabei eher der ideologische Schein über den wirtschaftlichen Interessen. Nach den ersten Pogromen im 11. Jahrhundert hatte sich die jüdische Gemeinde im 12. Jahrhundert neu organisiert und war wieder in die gutbürgerliche Wohngegend um das spätere Rathaus herum zurückgekehrt. Zunächst noch integrierter Bestandteil der Stadtbevölkerung, lebten Juden als Kaufleute und wandten sich dann mehr und mehr dem Geldgeschäft zu. Der Grund dafür lag einmal in der Weigerung der Zünfte, Juden aufzunehmen, und zum anderen im so genannten Zinsverbot für Christen, denen damit Geldgeschäfte untersagt waren.
Um das Rathaus herum entstand ein jüdisches Gemeindezentrum mit Synagoge (die erste von 1012 war zerstört worden), Frauensynagoge, Backhaus und dem Reinigungsbad »Mikwe«. Das Judenviertel war zunächst von den umliegenden Wohngebieten der christlichen Kölner nicht abgeschlossen. Erst um 1300 wurden Ghettotore gebaut, die die jüdische Siedlung vor den Christen schützen und sie abtrennen sollte, wenig später wurde der Judenbezirk räumlich definiert. Von diesem Zeitpunkt an durften die christlichen Kölner an ihre jüdischen Mitbürger keinen Grund oder Boden mehr verkaufen.

Am 23. August 1349 kommt es in der »Bartholomäusnacht« zu einem furchtbaren Pogrom. Es war die Zeit der Pest, in der fast die halbe Bevölkerung dahingerafft wurde. Dafür suchte man einen »Schuldigen«. Es war wohl leichter, einen Sündenbock zu finden, statt die Hygiene in der Stadt zu verbessern oder die Ratten totzuschlagen, was schon damals einige kluge Leute vorgeschlagen hatten. Wie immer bei unerklärlichen Seuchen gewann der Irrationalismus: Die Juden – Frauen, Männer und Kinder – wurden in ihren Häusern überfallen, totgeschlagen, verbrannt. Niemand entkam.

Wenige Jahre später kamen Juden unter dem Schutz des Erzbischofs noch einmal zurück in die Stadt, die an den Einnahmen aus dem »Judenregal«, der Steuer fürs Wohnen und Arbeiten, interessiert war. 1424 aber war es endgültig vorbei: Die Aufenthaltser-

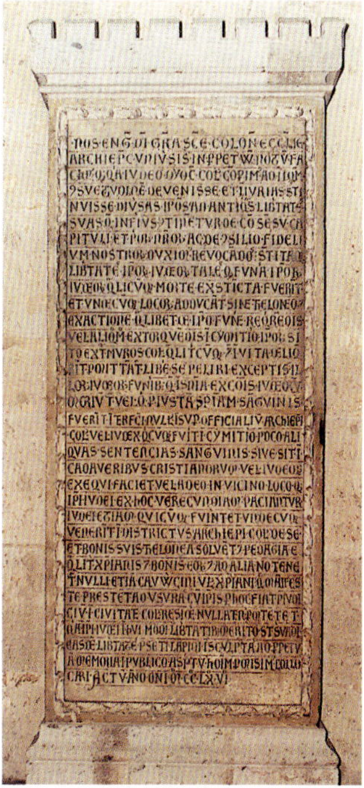

Judenprivileg im Kölner Dom: Noch schützt der Erzbischof seine jüdischen Bürger.

laubnis für Juden wurde vom Stadtrat verweigert, und bis zur Französischen Revolution durfte kein Jude mehr Bürger in Köln sein. Damit war für lange Zeit ein wichtiges Moment städtischer Innovation ausgeschlossen. Die Auswirkungen dieses Ausschlusses sieht man erst Jahrhunderte später, wenn man das Köln der Neuzeit mit Städten wie Frankfurt, Prag oder Amsterdam vergleicht, wo sich eine stark von Juden geprägte Kultur und Urbanität vor allem in der Zeit der Aufklärung entfalten konnte.

[Klöster als Selbstversorger

Eine Besonderheit der wirtschaftlichen Situation im Kölner Mittelalter sind die Klöster und Konvente. Die meisten Konvente waren von Patriziern und Patrizierinnen gestiftet worden, die so ihre Chance, in den Himmel zu gelangen, aufzubessern gedachten. Als Selbstversorger waren sie unabhängig von der allgemeinen Entwicklung in der Stadt, oft waren sie dieser weit voraus. Das geistliche und handwerkliche Wissen konnte ungehindert vom Zunftzwang weitergegeben werden, außerdem entwickelten sich in den Klöstern erste Besitzstände. Eine Sonderstellung kommt in Köln den Frauenklöstern und -konventen zu, hier insbesondere der Gemeinschaft der Beginen. Zunächst eine laienreligiöse Bewegung von Frauen, die vom Betteln lebten und als Predigerinnen herumzogen, breitete sie sich im 12. und 13. Jahrhundert vor allem in Belgien, Holland und dem Rheinland aus. Köln wurde zu

einer Hochburg der Beginen, die als Frauenwohngemeinschaften zusammenlebten und kaum von der Kirche kontrolliert werden konnten. Das wichtigste Prinzip der Beginen war es, sich durch eigener Hände Arbeit zu ernähren. Als die wohl einzig legitime Form der Selbstständigkeit, vor allem von ledigen Frauen, wurden in Köln und Umgebung über 1.000 Beginen gezählt und bis zum ausgehenden 15. Jahrhundert rund 170 Konvente. Die Distanz zur Kirche und die wirtschaftliche Selbstständigkeit der Beginen führte auch zu einer enormen religiösen und schwärmerischen Begeisterung: Eine eigene Frauenmystik mit bedeutenden Vertreterinnen entwickelte sich.
Zum Konflikt zwischen Frauengemeinschaften und Stadtbürgern kam es schließlich über die handwerkliche Produktion. Frauen arbeiteten billiger, oft auch besser und bedeuteten eine massive Konkurrenz für die Zünfte. In dem Maße, wie sich der Aufstieg der Zünfte vollzog, unterdrückten Selbige durch Gesetze und Übergriffe die Arbeit der Beginen, bis diese praktisch ausgeschaltet waren. An die Männerklöster haben sich die Handwerker nie in derselben Weise herangetraut, die auch trotz aller verbaler Proteste bis zur Auflösung in der Säkularisation produzieren konnten. Später wurden die Beginen wegen ihrer theologischen und kirchenkritischen Elemente immer stärker ausgegrenzt und teilweise sogar von der Inquisition verfolgt, wenn sie sich nicht freiwillig in Nonnenklöster umwandelten. Die evangelische Kirche lehnte sie wegen propagierter Ehe- und Kinderlosigkeit ganz ab.

Köln auf dem Gipfel: der hässliche Riese

Von 1424 bis zur Einstellung der Dombauarbeiten 1560

Im 16. Jahrhundert hatte Köln den Gipfel an Macht, Reichtum und Einfluss erreicht. Das Rathaus mit der noch erhaltenen Renaissancelaube wurde prächtig ausgebaut, 1441 der Gürzenich als städtische Fest- und Feierhalle errichtet und mit dem Bau repräsentativer Zunfthäuser begonnen. Häufig war der Kaiser in dieser Zeit zu Besuch – was nicht nur ein Hinweis darauf ist, dass es unter den herrschenden Kreisen Europas »in« war, in Köln zu verkehren, sondern auch aufschlussreich hinsichtlich der Kapazitäten der heimischen Gastronomie, die für lange Wochen die Luxusgäste samt Anhang versorgen und verwöhnen konnte. Am 5. Januar 1531 versammelten sich die Kurfürsten des Heiligen Römischen Reiches Deutscher Nation im Kölner Dom, um in Anwesenheit des Kaisers dessen Bruder Ferdinand zum »römischen König« zu wählen.
Für diesen Anlass schuf der Wormser Holzschneider Anton Woensam eine Stadtansicht, die dem Kaiser und der Festversammlung übergeben wurde, und die – bis heute unzählige Male reproduziert – eine wirkungsvolle Bildpropaganda der wunderbaren Größe Kölns darstellt.
In derselben Zeit nahmen politische Differenzen und soziale Konflikte erneut zu. 1481/82 kam es zum ersten Mal nach drei Generationen wieder zu einem Aufstand gegen den Rat, dem Ämtermissbrauch, Korruption, überhöhte Steuern und Geheimpolitik vorgeworfen wurde. Keine 100 Jahre nach dem Sturz der Geschlechter hatte sich eine neue Spitzenschicht, diesmal aus Zünften und Kaufleuten, etabliert und die Ämter unter sich aufgeteilt.

Das Bild des unfertigen Doms wird zum Wahrzeichen der Stadt.

Am 18. Februar 1482, am Karnevalsmontag, wurde das Rathaus unter Führung des Gürtelmachers Johann Hemmersbach gestürmt – aber erfolglos. Schon am Aschermittwoch wurden die Anführer enthauptet. Der nächste Aufstand, 30 Jahre später, 1512/13, hatte mehr Erfolg. Die Vorwürfe, Steuerdruck und Klüngel, waren geblieben, und es gab eine lange Liste von 153 Artikeln mit Klagen, Angriffen und Verbesserungsvorschlägen. Rathaus, Stadtmauer und Türme wurden besetzt, die führenden Herren festgenommen und zehn von ihnen sofort enthauptet. Das politische Ergebnis war die Erweiterung des alten Verbundbriefs durch eine angehängte Urkunde, den »Transfix-Brief«.

[Teilen mit den Geistlichen und Reichen

Der nächste Aufruhr im Jahre 1525 gegen den Klerus, die Reichen und den Rat war ganz eindeutig ein Volksaufstand – beeinflusst durch die Utopien und Forderungen der großen deutschen Bauernrevolution von 1524/26. Zum ersten Mal in der Kölner Revolutionsgeschichte war das »Volk« direkt beteiligt, das immer wieder durch Forderungen, Drohungen, Aufläufe und Demonstrationen die Zunftvertreter unter Druck gesetzt hatte. Die Losung hieß: »Teilen mit den Geistlichen und den Reichen«. Zunächst konnten sich die radikalen Unterschichten durchsetzen, aber die Zünfte beteiligten sich nur halbherzig. Nicht zuletzt unter dem Eindruck der blutigen Niederlagen der Bauern mussten die

Kölner Revolutionäre zurückweichen, die Anführer wurden umgebracht.
Neu bei den Aufständen von 1512 und 1525 waren die Angriffe gegen Klerus und Kirche, gegen deren Privilegien und Reichtum. Es war das Zeitalter der Reformation, und

Arnold Mercators Stadtplan von Köln aus dem Jahr 1571 – Geografie als Kontrolle.

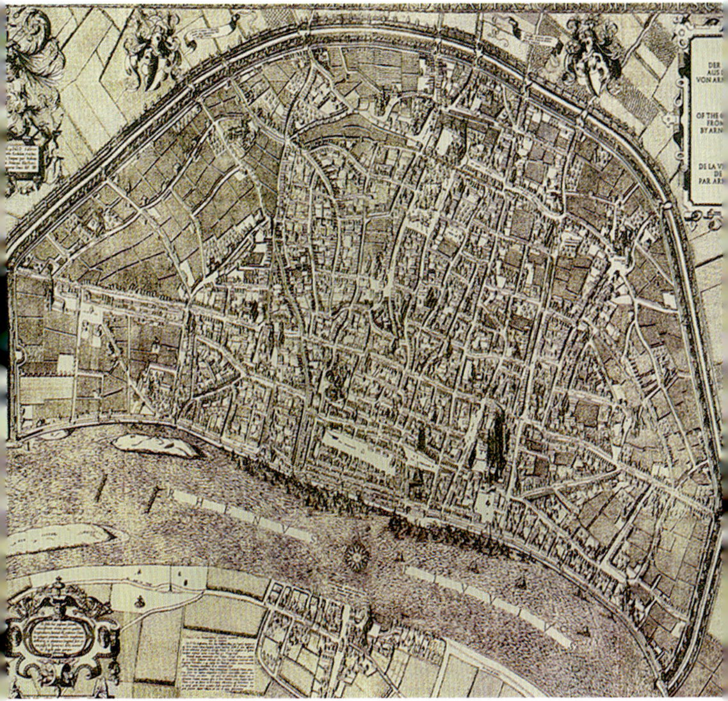

die Kirchenkritik lag in der Luft. In Köln hat sie sich indes nie groß ausbreiten können. Der Stadtklerus war meist absolut rom- und papsttreu, Universität und theologische Fakultät reaktionär, Rat und Geschäftsleute hielten sich heraus.

1529 wurden zwei lutherische Prediger, Adolf Clarenbach und Peter Fliesteden, öffentlich verbrannt und damit jedem deutlich vor Augen geführt, dass Protestanten in der katholischen Reichsstadt nicht erwünscht waren. Wenn es allerdings um Geld ging, traten religiöse Bedenken rasch in den Hintergrund. In der zweiten Hälfte desselben Jahrhunderts, als in den Niederlanden die Calvinisten blutig verfolgt wurden, war Köln zeitweilig Zufluchtsort für die reichen evangelischen Kaufleute. Sie mussten zahlen, aber sie erhielten Asyl. Zumindest so lange, bis der auswärtige Druck auf den Rat zunahm, dann wurden auch diese Flüchtlinge der Stadt verwiesen. Selbst der Papst intervenierte seinerzeit gegen die »Geusen«, wie die Protestanten in Ableitung des spöttisch gemeinen »gueux« (»Bettler«) genannt wurden. 1570 überreichten Klerus und Universität eine lange Liste mit 109 Häusern, in denen verdächtige Fremde lebten, um die sich der Rat kümmern sollte.

Auf diese Denunziation geht auch der Auftrag für den berühmtesten Stadtplan Kölns, den »Mercatorplan« aus dem Jahre 1571, zurück. Der Rat wollte den Überblick über die Stadt behalten und ließ aus kriminalprophylaktischen Erwägungen von dem damals berühmten Kupferstecher Arnold Mercator einen genauen Stadtplan mit Straßen und

Johann Rinck, einer der reichsten Männer Europas im ausgehenden 15. Jahrhundert ist Kölner Bürger.

Grundrissen anfertigen, der jedes Haus, jedes Gebäude, jede Mauer, jeden Brunnen, alle Höfe, Gassen, Hinter- und Anbauten verzeichnete. Polizei und Politik hatten mit dieser Vogelperspektive einen Überblick über die ganze Stadt. Nach dem Plan ist später das große Modell im Stadtmuseum gefertigt worden, das bis heute einen guten Eindruck von der mittelalterlichen Stadt verschafft.

Im 17. Jahrhundert ist es schließlich endgültig mit der vorübergehend liberalen Religionspolitik vorbei. Schon 1562 konnte nur noch ein Katholik Ratsherr werden und hatte zum Beweis seiner Konfession ein Beicht- und Kommunionsprotokoll seines Pfarrers vorzulegen. Von den 2.000 Protestanten, die um 1600 noch in Köln lebten, waren 100 Jahre später kaum 300 übrig geblieben.

Noch übler ging es allerdings den Andersgläubigen, die mit ihrer Kritik an Kirche und Klerus auch soziale Forderungen verbanden. Im Zuge der Reformation existierte die radikale Gruppe der so genannten Wiedertäufer, die ein sozialutopisches Programm der völligen und faktischen Gleichheit aller Menschen vertraten und 1534 für ein kurzes Jahr in Münster sogar eine eigene Republik errichten konnten. Sie wurden geschlagen, zu Hunderten ermordet und schließlich ausgerottet, ihre Ideen lebten jedoch im Untergrund fort. In Köln, wo die Ketzer wie immer viele Anhänger hatten, wurden bis zum Beginn des Dreißigjährigen Krieges 320 Täufer bekannt, von denen mehr als die Hälfte verhaftet und dem bischöflichen Gericht übergeben wurde. Neun wurden ermordet und über 50 verbannt.

Entscheidenden Anteil an der Durchschlagkraft der Gegenreformation hatten die Jesuiten. 1544, schon kurz nach der Gründung des Ordens in Paris, wurde in Köln die erste deutsche Niederlassung unter anderem von Petrus Canisius und Peter Faber ins Leben gerufen. Wichtig für die erfolgreiche Durchsetzung der jesuitischen Ziele war die Übernahme der »bursa cucana«. Aus dieser Schule wurde das »Tricoronatum«, das Dreikönigsgymnasium, eine pädagogische Eliteanstalt, die fortan eine der ideologischen Rüststätten im Geiste der reaktionären Gegenreformation werden sollte.

An den barocken Kunstgeist dieser Epoche erinnern indes nur wenige Bauten und Werke in Köln. In voller Pracht erhalten ist eigentlich nur die Jesuitenkirche Mariä Himmelfahrt. Für die geringe Verbreitung des Barocks in Köln sind zwei Gründe ausschlaggebend: Zum einen gab es keinen absolutistischen Stadtherrn, der nach seiner feudalen Kunstvorstellung die »alten« Kirchen hätte abreißen, umgestalten lassen oder auch eine entsprechende Palastarchitektur bauen können. Zum anderen herrschte Ebbe in den Kassen der

Stadt. Die Jahre mit Geld, Gewinn und Kommerz waren vorbei. Neues wurde in der Domstadt nicht mehr ersonnen, die großen Geschäfte anderswo gemacht. Die Entdeckung der Neuen Welt hatte vor allem die früher begünstigte Lage der Flusshandelsstädte relativiert und den Seehäfen zum Aufstieg verholfen. Die Millionenumsätze flossen jetzt in Lissabon und Antwerpen, in Amsterdam und London.
So entsprach es nicht nur dem Trend der Zeit, sondern auch der Kölner Kassenlage, dass im Jahre 1560 der Dombau eingestellt wurde. Seitdem ragte ein halber Turm mit einem ganzen Chor wie ein Torso in den Himmel.

Protestantische Prediger landen in Köln auf dem Scheiterhaufen.

Eine Epoche der Stagnation und des Niedergangs

Von 1560 bis zum Einmarsch der Franzosen 1794

Die folgenden zweieinhalb Jahrhunderte sind zwar eine lange Zeit in der Stadtgeschichte, umfassen aber nur wenige berichtenswerte Ereignisse. Während die Kölner des 15. und 16. Jahrhunderts sich immerhin noch auf den alten Lorbeeren ausruhen konnten, waren 17. und 18. Jahrhundert eine Zeit der Stagnation und des Niedergangs. In dieser Epoche kam eine konturenlose und spannungsarme Mentalität zum Tragen, deren geschäftsmäßiger Ausdruck der »kölsche Klüngel« ist: Man geht kein Risiko ein, setzt auf die Beziehung statt auf die Auseinandersetzung, legt sich nicht fest und versucht, den größten Vorteil mit der geringsten Kraftanstrengung zu erreichen – eine Art Naturgesetz der lokalen Politik.

Im Dreißigjährigen Krieg Anfang des 17. Jahrhunderts schafften es die Kölner immerhin, sich aus allen kriegerischen Händeln herauszuhalten, obwohl halb Europa in Trümmern und Asche lag. Nur einmal flog ein Pulverturm in Deutz in die Luft, und das auch nur durch Selbstentzündung und nicht durch Feindeinwirkung. Die Stadt machte währenddessen mit allen Seiten ihre Geschäfte.

Die Zünfte, die früher wenigstens teilweise der Selbstverwaltung und dem Schutz der Handwerker gedient hatten, wurden in dieser Zeit zu starren Regelverwaltern, verhinderten und verboten alles Neue und untersagten Änderungen des Althergebrachten. Sie verkamen zu Männerbünden, deren wichtigste öffentliche Tätigkeit darin bestand, über die

Um 1630 wurden mindestens 13 Frauen auf Melaten als Hexen verbrannt.

Moral zu wachen und die Heiratsregeln für ihre Mitglieder festzulegen. In Köln wurden kaum noch technische Neuerungen bekannt oder, wie etwa das Garnrad für Zwirnerinnen, verboten. Die Entwicklung ging an der Stadt vorbei. Dagegen wurden Ämterpatronage, Bestechung, Erpressung und Klüngel in Rat und Verwaltung sprichwörtlich. Schließlich teilten sich die männlichen Mitglieder eines intimen Kreises von zwölf Dutzend reicher Familien alle Ämter, vom Bürgermeister über die Ratsposten bis zu den Schöffen, unter sich auf. Das Verbot der sofortigen Wiederwahl aus dem alten Verbundbrief umgingen sie dadurch, dass sie sich die Posten über Kreuz zuschoben: ein Jahr Bürgermeister, zwei Jahre andere Ämter.
Unter Führung des Bandwarenhändlers Nikolaus Gülich kam es 1680 noch einmal zu einem Aufstand gegen den Rathaus-Klüngel. Gülich erreichte mit der Unterstützung seiner Zunft die Einrichtung eines Untersuchungsausschusses, der nach und nach selbst die politische Macht in der Stadt übernahm, zahlreiche Honoratioren absetzte, verhaftete und einen gar enthaupten ließ. Für eineinhalb Jahre zwischen 1683 und 1685 konnten Gülich und seine Genossen selbst das Stadtregiment ausüben. Dann gelang es den Gegnern, den Kaiser auf ihre Seite zu ziehen, dem das revolutionäre Treiben in der fernen, aber grenzpolitisch wichtigen Stadt Köln nicht gleichgültig sein konnte. Er verhängte den Bann über Gülich, dieser wurde verhaftet und zusammen mit seinem Freund Abraham Sax am 23. Februar 1686 in der nicht zu Köln gehörenden Gemeinde Mülheim ent-

hauptet. Denn nur die besseren Leute genossen das Privileg, innerhalb der Stadt hingerichtet zu werden. Revolutionäre, Ketzer oder Kriminelle wurden vor den Toren erledigt, in der Regel auf Melaten oder dem Judenbüchel.

[Hexenverfolgungen als politisches Instrument

Melaten ist auch der Ort, wo die »Hexen« verbrannt wurden. Dabei wird Köln häufig nachgesagt, es habe hier nicht so viele Hexenprozesse gegeben, die Liberalität der Stadt habe die wüstesten Exzesse verhindert. Köln war jedoch schon seit den frühesten Tagen eine ideologische, weil theologische Hochburg des Hexenwahns.
Hier entstand auch der »Hexenhammer«, ein Werk, das 1487 zum ersten Mal erschien und bald zum Standardwerk der Frauenverfolgung avancierte. Der Autor Heinrich Institoris, ein Kölner Dominikaner, war ein vom Papst bestellter Inquisitor für Deutschland und Professor an der hiesigen Universität. Über den »Hexenhammer« urteilte der Historiker Soldan: »Barbarisch an Sprache wie an Gesinnung, spitzfindig und unverständlich in der Argumentation, originell nur in der Feierlichkeit, mit der die abgeschmacktesten Märchen als historische Belege vorgetragen werden, das verruchteste und zugleich läppischste, das verrückteste und dennoch unheilvollste Buch der Weltliteratur.« Der »Hexenhammer« definiert nicht nur, was Zauberei ist und wie man die Untaten der »Hexen« erkennt, sondern er gibt auch

Anleitung zum Verhör, zur Folter und zur Verurteilung. Aus dem Jahre 1446 ist der erste Hexenprozess in Köln überliefert, aber bis Anfang des 17. Jahrhunderts kam es nur zu wenigen Verurteilungen und knapp zehn Hinrichtungen. Meistens wurden die Frauen erst an den Pranger gestellt, »ermahnt« und anschließend der Stadt verwiesen. Die Kölner, der Stadtrat und die herrschenden Kreise haben die Hexenverfolgung zunächst nicht aktiv betrieben. Ihre Interessen waren am Handel orientiert, und außerdem gab es ja auch die alte Konkurrenz mit dem Erzbischof. Eine Änderung trat erst in der Krisenzeit des ausgehenden 16. Jahrhunderts und während des Dreißigjährigen Krieges ein. Von 1627 bis 1630 kam es zum Höhepunkt der Hexenverfolgungen, der Prozesse und Hinrichtungen. Während des gesamten 16. und 17. Jahrhunderts sind 96 Hexenprozesse in Köln verzeichnet. In 90 Prozent der Fälle richtete sich die Anklage gegen Frauen. 37 wurden ermordet, zehn von ihnen waren Hebammen. Die Urteile wurden auf dem Domhof gesprochen, die Frauen anschließend auf einem Henkerskarren zum Melaten gefahren und dort bei lebendigem Leib verbrannt oder, wenn der Henker »gnädig« war, vorher stranguliert. Hexenverfolgung nur als irrationalen Wahn abzutun wäre zu kurz gegriffen. Letztendlich ging es dabei auch um die – sehr rationale – Einschüchterung von Frauen und ihre Verdrängung aus dem öffentlichen Leben. In Köln hatten die Frauen im 14. und 15. Jahrhundert, im Unterschied zu den

Die 1686 errichtete Gülich-Säule erinnert an den ersten Aufstand gegen Klüngel in Köln. Der Bronzekopf befindet sich heute im Stadtmuseum.

Niclas Gülich
enthauptet
zu
Mülheim
am 23 Febr
1686
Diese Saule
welche, nachdem
sein Haus geschleift,
in der Mitte des leere
am 17 Sept. 1797 von den Kölnischen Freiheits-Freunden mit
grosser Feyerlichkeit u. in Zulauf einer grossen Volksmenge zu
Boden geworfen und vernichtet worden ist. T. G. M.

meisten spätmittelalterlichen Städten, in Handel und Gewerbe eine relative Selbstständigkeit erlangt. Kaum ein Wirtschaftszweig existierte, in dem Frauen nicht vertreten waren, und nur wenige Zünfte legten weiblichen Mitgliedern Beschränkungen auf. Es gab sogar einige eigene Frauenzünfte wie die der Garnmacherinnen, der Goldspinnerinnen, der Seidenspinnerinnen und vor allem der Seidenweberinnen. Solange die Wirtschaft prosperierte, stellte das kein Problem dar, aber unter nachlassenden Gewinnmargen, der Einschränkung des internationalen Handels und damit der Absatzkrise vieler heimischer Produkte wurden – wie so oft in der Geschichte – als Erstes die Frauen aus dem Wirtschaftsleben verdrängt. Die Frauenzünfte wurden im ausgehenden Mittelalter eingegrenzt und später aufgelöst, die »gemischten« Zünfte erließen Zugangsbeschränkungen, das Witwenrecht wurde beschränkt, Arbeitsverbote ausgesprochen. Bei der neu eingeführten Wanderschaft der Gesellen schloss man die Mädchen schließlich ganz aus. Auf politischer Ebene konnten sich die Frauen nicht einmal wehren, denn in der Rechtsstellung und Politik waren sie nie gleichberechtigt gewesen und durften die Schwelle des Ratsaals nicht überschreiten, um dort ihre Interessen zu verfechten. So fallen Wirtschaftskrise, Hexenverfolgung und die Vertreibung der Frauen aus der Erwerbsarbeit in dieselbe Epoche.

Die Franzosen ziehen in die Stadt ein: Auf dem Neumarkt wird ein Freiheitsbaum errichtet.

Köln französisch und preußisch

Von 1794 bis zur großen Eingemeindung am 1. April 1888

Am 6. Oktober 1794 übergaben Abgesandte des Rates den heranrückenden französischen Truppen vor dem Hahnentor die Schlüssel der Stadttore. Für etwa 20 Jahre bestimmten die Franzosen in Köln, die ihre Staatsgrenze bis zum Rhein ausgedehnt hatten. So kurz diese Zeit auch war, sie hat Entscheidendes verändert. Zugespitzt könnte man sagen: Die Franzosen haben Köln aus dem Mittelalter in die Neuzeit katapultiert. Nur eine kleine Gruppe rheinischer Jakobiner hat sie indes als Befreier empfangen, und nur wenige Kölner haben die Revolutionsparolen von Freiheit, Gleichheit und Brüderlichkeit auch laut vertreten.

Als Erstes schafften die Franzosen die ständische Ordnung ab, lösten die Zünfte auf, gestatteten die Gewerbe- und Niederlassungsfreiheit, erlaubten Juden und Protestanten, sich in Köln niederzulassen und Bürger zu werden. Diese brachten als moderne Geschäftsleute aus anderen Städten häufig Geld und Wissen mit und stiegen zu den führenden Unternehmern Kölns auf. Dabei beseitigten die Franzosen auch die zum Teil noch vorhandenen Feudalrechte, verboten den Zehnten, und – das Allerwichtigste, was bis heute ihren durchwachsenen Ruf in Köln bestimmt – sie enteigneten die Kirche!

Die katholische Kirche war damals die größte Grundherrin, und man schätzte ihren Besitz auf 40 bis 50 Prozent des Grund und Bodens. Elf Stifte existierten zur Zeit des Einmarschs der Franzosen, 58 Klöster, 19 Pfarrkirchen und 49 Kapellen. Zwischen 2000 und 3000 Kleriker, Mönche und Nonnen lebten in der Domstadt.

Kölner Plakat aus der Zeit der Französischen Revolution. Jakobiner tagten erst geheim.

Die kirchlichen Einnahmen waren doppelt so hoch wie der gesamte Stadtetat. Mit der Säkularisation ging der größte Teil in Staatsbesitz über: Kirchen, Grundstücke, Friedhöfe, Klöster mit allem Inventar, Kunstschätzen und Bibliotheken kamen auf den »freien Markt«. Und die neuen Besitzer, häufig Unternehmer, hatten damit die nötigen Hallen und Gebäude zur Verfügung, indem sie Klöster und Kirchen zu Fabriken und Manufakturen umfunktionierten.
Die Säkularisation wurde so zu einer Voraussetzung für die frühe Industrialisierung. Eine zweite indirekte Wirkung können wir heute noch im Wallraf-Richartz-Museum bewundern, denn ohne die Enteignung wären all die religiösen Gebrauchsgegenstände, die wir heute als Kunstschätze verehren, nicht in den Handel gekommen und der vormalige Universitätsrektor Franz Wallraf hätte sie nicht sammeln können. Nur die Pfarrkirchen blieben von der Säkularisation ausgenommen. Die alten romanischen Stiftskirchen

wurden daher alsbald zu Pfarreien umdefiniert und sind auf diese Weise erhalten geblieben. Seitdem ist auch der Dom eine Pfarrkirche.

Schließlich ordneten die Franzosen die Verwaltung und schufen eine einheitliche Justiz, organisierten die Anfänge einer städtischen Armenfürsorge, richteten einen Zentralfriedhof auf der ehemaligen Hinrichtungsstätte Melaten ein und machten sich Gedanken zur Hygiene, Straßenbeleuchtung und Nummerierung.

1814 ging die Stadt kampflos an die Preußen über, und auch dieses Mal richteten sich die Kölner moderat auf die neuen Herren und Verhältnisse ein. Noch nach der militärischen Niederlage Frankreichs hatten sie am 16. Dezember 1813 den Geburtstag Napoleons gefeiert, als sei nichts geschehen. Kurze Zeit später bejubelten sie freiwillig und feierlich den Geburtstag des preußischen Königs Friedrich Wilhelm III., der in aller Preußenherrlichkeit später auch auf dem Heumarkt als Reiterstandbild aufgestellt wurde.

Für die Preußen hatte Köln besondere Bedeutung als westliche Grenzbastion und sie bauten die Domstadt schnell zu ihrer größten Festung am Rhein aus. Am Neumarkt errichteten sie eine große Infanterie- und in Deutz eine Kavalleriekaserne. Zahlreiche militärische Einrichtungen und Depots wurden in früheren Kirchen und Klöstern untergebracht und die mittelalterliche Stadtmauer als neues Festungswerk hergerichtet. Ein breiter Gürtel militärischer Forts und Anlagen wurde landseitig in einem großen Halbkreis um die Stadt herum gelegt, mit Gräben, Sperren, Kasematten und was die Festungstechnik sonst noch alles zu bieten hatte. Das südliche Fort trug die Nr. I – heute das Hindenburgdenkmal im Friedenspark in der Südstadt. Die Nummerierung setzte sich dann bis zum Fort XI am nördlichen Rheinufer fort. Das Fort X., das zehnte, nahe dem Ebertplatz, ist als Einziges noch vollständig erhalten.

Barrikaden am Alter Markt. Kein Schuss ist gefallen.

Auch öffentliche Bauten und zentrale Verwaltungseinrichtungen ging man rasch an: ein neues Gericht am Appellhofplatz (1823/25), ein Theater, das Regierungspräsidium in der Zeughausstraße und ein Zentralgefängnis am Klingelpütz (1836/38), das nun alle Gefangenen aufnahm, die zuvor in den Türmen der Stadtmauer eingesperrt waren. Die Stadtbevölkerung verdoppelte sich bis zur Mitte des Jahrhunderts, und in den 1830er Jahren setzte ein fieberhafter Bauboom ein: Köln hatte immer noch ausgedehnte landwirtschaftlich genutzte Reserveflächen innerhalb der Mauern, die jetzt von geschickten Spekulanten aufgekauft, parzelliert und bebaut wurden. Peter Joseph Weyer, bis 1844 Stadtbaumeister und Chef der kommunalen Planung, war maßgeblich an der Spekulation beteiligt. Finanziert wurde das lukrative Geschäft von Schaafhausen, dem größten Bankhaus am Platz. Fast 2.000 Häuser entstanden in nicht einmal 20 Jahren. Das war rund ein Viertel des alten Bestands. Eine ähnlich explosive Bautätigkeit hat es seitdem nie mehr gegeben. Entsprechend stiegen auch die Grundstücks- und Mietpreise: Ein Objekt in der Bobgasse, das 1810 noch für 675 Taler verkauft worden war, stieg über 2.400 Taler im Jahre 1821, auf 10.000 Taler 1843. Es hatte damit seinen Preis in gut 30 Jahren um rund 1.500 Prozent gesteigert und erbrachte im folgenden Jahr, als es parzelliert wurde, noch einmal mehr als das Doppelte.

In der Wirtschaft der Stadt spielten bald die Banken die erste Geige. Berühmte Bankhäuser wie Sal. Oppenheim, Herstatt, der Schaafhausen`sche Bankverein oder das Bankhaus Stein wurden in dieser Zeit gegründet oder ließen sich hier nieder. Die Kölner Banker gehörten zu den bedeutendsten Finanziers des preußischen Frühkapitalismus und trugen etwa entscheidend zur schnellen Erschließung des Steinkohlebergbaus im Ruhrgebiet, zur Rheinschifffahrt und zum Eisenbahnbau bei. Im frühen 19. Jahrhundert errangen sie eine Position im Finanzgeschäft, die sie bis weit in die 1940er Jahre, bei der Finanzierung der Industrie im Dritten Reich und auch noch nach dem Zweiten Weltkrieg mit der ökonomischen Absicherung der Adenauer'schen Politik nicht mehr aus den Händen gegeben haben. Wichtig wurden auch die Versicherungsgründungen, deren Namen wie die Agrippina, die Colonia oder die Kölnische Rück bis

heute bekannt sind. Die Industrialisierung in der Stadt selber vollzog sich zunächst langsam, beschleunigte sich aber ab der Jahrhundertmitte. Die Dampfmaschine brachte einen Entwicklungsschub, 1828 hatten die Gebrüder Jacobi für eine Getreidemühle die erste 28 PS starke Anlage angeschafft.
Sechs Jahre später setzte die Textilfabrik F. W. Brügelmann die zweite ein. 1846 gab es 26 Dampfmaschinen in Köln, 1858 waren es 154 und drei Jahre später 224.

[Die Industrialisierung schafft neue Arbeitsplätze

Mit zunehmendem Wohlstand stiegen die Ansprüche. Das ermunterte manch vermögenden Handwerker, sich zum Fabrikanten zu mausern. So begann 1843 der Konditor Stollwerck mit Hilfe der neuen technischen Möglichkeiten Brustbonbons und Kekse in Massen herzustellen. Heinrich Pallenberg begann seine Laufbahn als Schreinerlehrling, später stellte er feine Möbel für gehobene Ansprüche her, die heute als »Kunstwerke« in der Sammlung des Museums für Angewandte Kunst zu bewundern sind. Schon 1822 hatte sich der Seilermeister Theodor Felten mit seinem Schwiegersohn Carl Guilleaume zusammengetan und produzierte 15 Jahre später Drahtseile für den Bergbau. Daraus entstand die Firma F & G, ein Name, der erst in jüngster Zeit aus dem Kölner Adressbuch verschwunden ist.
Die industrielle Entwicklung ist auch an den Beschäftigungs-

zahlen abzulesen: 1849 waren noch 11.000 Menschen im Handwerk tätig, während in der Industrie mit rund 4.000 sogar weniger arbeiteten als im Bereich Handel, Banken, Versicherungen und Verkehr. Dagegen gab es über 10.000 Tagelöhner und so genanntes Gesinde, die erheblich von Konjunktur und Krise abhängig und zum Teil auf die öffentliche Armenpflege angewiesen waren. Die meisten Fabrikarbeiter und -arbeiterinnen waren in dieser Zeit in der Textilbranche beschäftigt, ferner eine größere Zahl in den Zuckerraffinerien des reichsten Kölners, Carl Joest. Die Arbeitslosen setzte die Stadt beim Bau des Hafens ein. Um die Jahrhundertmitte wurde ohne soziale Absicherung und Urlaub bis zu 16 Stunden täglich gearbeitet, und das an sechs Tagen in der Woche. Das Jahreseinkommen der Fabrikarbeiter, Handwerker, Gesellen und Tagelöhner lag im Schnitt bei 150 Talern. Im Revolutionsjahr 1848 verdienten aber mehr als 10.000 Bürger nicht einmal das. Ihr Jahreseinkommen lag zwischen 80 und 100 Talern, Frauen erhielten 50 Prozent davon und Jugendliche je nach Alter und Geschlecht nur ein Zehntel bis zur Hälfte des Männereinkommens. Carl Joest dagegen versteuerte in diesem Jahr 60.000 Taler und der zweitreichste Kölner, der Bankier Friedrich Johann David Herstatt, immerhin noch 30.000 Taler.

Dem durchschnittlichen Jahresverdienst von 150 Talern bei Lohnabhängigen stehen jährliche Ausgaben von etwa 200 Talern für Miete und Nahrungsmittel gegenüber, so dass Kinderarbeit unumgänglich wurde. Im Tabakgewerbe waren rund die Hälfte der Beschäftigten Kinder zwischen neun und 13 Jahren, die bis zu zehn Stunden täglich arbeiten mussten. Die große Agrarkrise der Jahre 1846/48 verschärfte die ohnehin schon desolate Lage des neuen Proletariats. Es gab enorme Preissteigerungen bei den Grundnahrungsmitteln Kartoffeln und Getreide, während die Reallöhne sanken.

[Köln während der Revolution 1848

Zur Zeit der ersten Revolution in Deutschland, 1848, war Köln ein Ort mit zahlreichen Aktivitäten. Aus allen politischen Lagern, dem sozialistischen, dem liberalen und dem katholischen, gab es starke Gruppen in der Stadt, die sich aber nur höchst selten einig waren. Alle standen unter dem Druck des massenhaft anwesenden Militärs, das hier in der größten preußischen Festung konzentriert war. So blieb Köln eine Stadt mit unzähligen Aufrufen, Protestkundgebungen, Großdemonstrationen, Flugblättern, Appellen und Aufläufen, doch ohne bewaffnete Auseinandersetzungen oder Barrikadenkämpfe wie etwa Wien oder Berlin. Einmal, am 25. September 1848, wurden nach der Verhaftung der Führer des Arbeitervereins zwar Barrikaden am Alter Markt gebaut, aber abends gingen die Revolutionäre wieder nach Hause, und preußische Soldaten sowie städtische Arbeiter räumten alles wieder weg. Kein Schuss fiel, es war nichts geschehen. Einmal nur kam es zum Sturm auf die »Kölnische Zeitung«, der Vorläuferin des späteren »Kölner Stadt-Anzeigers«, deren einseitige Berichterstattung die Wut der Demokraten entfacht hatte.

Karl Marx – Chefredakteur in Köln.

Im Frühjahr 1848 kamen Friedrich Engels und Karl Marx von Brüssel nach Köln und gaben hier das wichtigste Organ der Revolutionszeit in Deutschland, die »Neue Rheinische Zeitung«, heraus. Der Titel knüpft an Marx' frühere Tätigkeit an, der schon 1841/43 als Chefredakteur der »Rheinischen Zeitung« in der Domstadt gewesen war, die seinerzeit vom liberalen Kölner Großbürgertum finanziert, von der preußischen Regierung aber verboten worden war. In der 1848er Revolution agierte eine ganze Reihe wichtiger Frauen und Männer in Köln, die zum Teil hier geboren waren oder lebten und die später an ganz anderen Orten entscheidende Rollen spielten, doch in Köln lange vergessen waren: so etwa Franziska Anneke, eine der ersten Feministinnen, die nach Amerika auswanderte, ihr Mann Fritz Anneke, der als Offizier bei den letzten badischen Kämpfen im Frühjahr 1849 beteiligt war, August von Willich und der Armenarzt Andreas Gottschalk, der spätere Oberbürgermeister Hermann Becker (der »Rote Becker«) und vor allem der Zigarrenhändler Franz Raveaux, der fast vergessene erste alternative Karnevalspräsident und auch der erste direkt gewählte Kölner Abgeordnete in der Paulskirche und dort einer der führenden Köpfe des linken Flügels. Die Revolution ging verloren und die Reaktion rächte sich 1852 mit dem groß angelegten »Kommunistenprozess«, bei dem die Hälfte der Angeklagten zu mehrjähriger Festungshaft verurteilt wurde. Viele ehemals Beteiligte wanderten aus. Sie flohen vor der preußischen Reaktion und vor Elend, Hunger und Arbeitslosigkeit.

[Die Stadtgrenze verschiebt sich weiter nach außen

Nach 1860 erreichte die Stadt eine neue Bau-, Spekulations- und Industrialisierungswelle. 1859 wurde eine Eisenbahnbrücke über den Rhein eingeweiht und ein zentraler Hauptbahnhof neben dem Dom, der die bisher getrennten rechts- und linksrheinischen Eisenbahnlinien verknüpfte. Der Straßenbau erschloss alle Teile der alten Stadt für Verkehr und Besiedlung. Zunächst wurden die Ausfallstraßen erweitert und zu Geschäftsstraßen ausgebaut, quer dazu entstanden die Wohnstraßen. In den 1860er Jahren folgte noch einmal ein Boom beim innerstädtischen Wohnungsbau.
In dieser Zeit wurden zwei Faktoren für die Stadtentwicklung wesentlich bestimmend: zum einen die neue Kriegstechnik, zum anderen die Expansion der Dörfer draußen vor der Stadt. Mit dem alten Festungsring um die Stadtmauern hatten die Preußen einen »Rayon« verbunden, einen etwa 600 Meter breiten Streifen, der als Schussfeld frei

bleiben musste und nicht bebaut werden durfte. Auf dem jüdischen Friedhof in Deutz sind heute noch die Grabsteine zu finden, die liegen mussten, damit sich kein Feind im Rayon unbemerkt anschleichen konnte.
Als die Waffentechnik verbessert wurde und Kanonen weiter schossen, begannen die Preußen, weit außerhalb der Stadt im Abstand von vier bis sechs Kilometern neue Forts und Festungsanlagen zu errichten. Diese wurden durch eine Straße verbunden, den »Militärring«. Der Deutsch-Französische Krieg 1870/71 machte den inneren Festungsring dann völlig überflüssig, und die preußischen Militärs boten der Stadt an, die mittelalterliche Mauer zurückzukaufen.
Zehn Jahre später war es so weit, dass unter dem Jubel der Kölner am 11. Juni 1881 die erste Bresche in die Mauer gesprengt werden konnte. In einem breiten Streifen um die Stadt herum wurde auf dem Gebiet der Stadtmauer und des preußischen Festungswerks die »Neustadt« gebaut. Planmäßig und systematisch wurde sie in nicht einmal 20 Jahren hochgezogen, wieder begleitet von heftiger Spekulation.
Die Erschließung begann mit den Ringen, die zwischen 1881 und 1886 als Erstes fertig gestellt wurden. Daran schlossen sich Wohngebiete bis zur Eisenbahn an, wobei die Lage der Quartiere von Anfang an entsprechend den gesellschaftlichen Klassen geplant wurde: für die Oberschicht zwei Villenviertel, im Norden am Rhein und im Süden am Volkspark, für die bürgerlichen Mittelschichten die großen vier- bis fünfstöckigen Wohnhäuser der Gründerzeitepoche im Dreikönigsviertel am Ebertplatz, im Hansa- und im Belgi-

schen Viertel, um den Barbarossaplatz herum und in der Südstadt am Römer- und Hindenburgpark; und für die Unterschichten schließlich die Reste im Norden zwischen Schlachthof und Eisenbahnknotenpunkt am Gereonsgelände und im Süden zwischen Ring, Wasserwerk und Eisenbahn.
In der alten Stadt selber wurde der letzte Meter Gartenland umgenutzt und hier Wohnhäuser oder Gewerbebetriebe errichtet, so dass die Stadt in der zweiten Hälfte des 19. Jahrhunderts aus allen Nähten platzte und eine ähnliche Bevölkerungsdichte hatte wie nur noch Berlin. Nach und nach wuchsen aber auch die Gewerbe über die Mauergrenze hinaus nach Süden. Bayenthal wurde der erste Industrievorort Kölns. Andere Stadtteile oder Umlandgemeinden nahmen eine eigenständige Entwicklung, so etwa Mülheim, das seit jeher eine freie Stadt war und zum Herzogtum Berg gehört hatte. Hierher waren im 18. Jahrhundert die protestantischen Kaufleute und andere ausgewandert, die im katholischen Köln nicht leben, atmen und arbeiten konnten. Ihr Geld und ihr unternehmerisches Geschick verhalfen Mülheim schon lange vor Köln zur Industrialisierung.
Ein weiteres Beispiel ist Ehrenfeld: Als die innerstädtischen Gewerbegebiete immer teurer wurden, schlossen sich einige Kaufleute aus der Ehrenstraße in der Innenstadt – daher der Name »Ehren«feld – zusammen, um auf dem platten Land vor der Stadt systematisch Siedlungen und Fabriken zu bauen. Ursprünglich war eine genossenschaftliche Verwertung geplant, aber auch hier setzten sich die Spekulanten durch, nachdem der neue Ort 1860 systematisch und block-

weise erschlossen wurde. Die Planung ist heute noch an dem rechtwinkligen Straßenraster zu erkennen. Ähnliches gilt für Nippes, Lindenthal, Sülz, Klettenberg oder Zollstock. Andere Stadtteile wie Müngersdorf, Niehl, Bickendorf, Ossendorf oder Mauenheim sind aus zum Teil alten dörflichen Siedlungen hervorgegangen.
Nach dem Schleifen der Festung und dem Bau der Neustadt dauerte es keine sieben Jahre, bis die alte Stadt Köln ein riesiges Gebiet geschluckt hatte. 1886 erlaubte ein Ministererlass der preußischen Regierung die Eingemeindung der umliegenden Orte, um eine einheitliche Infrastruktur zu ermöglichen, aber auch zur einheitlichen polizeilichen Kontrolle der Arbeiterbewegung.
Am 1. April 1888 war es so weit: Ein neues, größeres Köln entstand. Linksrheinisch verlief jetzt die Stadtgrenze etwa entlang der Militärringstraße, rechtsrheinisch kamen Deutz und Poll zu Köln. Die Stadtfläche wurde von 1.000 auf über 11.000 Hektar verzehnfacht und die Einwohnerzahl auf über 260.000 mehr als verdoppelt. Köln war damit – wie schon im Mittelalter – die flächenmäßig größte Stadt in Deutschland. 1910, 1914, 1919 und zuletzt 1975 kamen noch einmal durch Eingemeindungen größere Gebiete dazu, die das alte Stadtgebilde wieder »abrundeten«. Doch die entscheidende Veränderung des fast 2.000 Jahre alten Stadtkörpers geschah in diesem Jahr 1888.

Nach 1888 wird die Stadtmauer abgerissen.

Der Weg zur Großstadt

Das Auf und Ab
der Stadt bis
nach dem Zwei-
ten Weltkrieg

Vielleicht ist die Zeit gegen Ende des 19. Jahrhunderts die prächtigste in der modernen Geschichte der Stadt Köln, jedenfalls nach Repräsentanz, Aussehen und Bedeutung. Um den alten Stadtkern herum mit seinem noch fast mittelalterlichen Straßenverlauf und teilweise auch Baubestand schlägt sich als Erstes ein repräsentativer Boulevard, an den sich eine seinerzeit ganz moderne »neue Stadt« anschließt, die nach außen mit dem Bahndamm abgeschlossen wird. In den Vororten boomt die Industrie, vor allem auf der rechten Rheinseite. Kalk war damals die zweitgrößte Industriestadt in Preußen, und manche befürchteten – andere hofften –, es könnte im Verbund mit Deutz und Mülheim als Pendant zum alten

Warten vor dem Pressehaus im Sommer 1914 auf die Nachricht vom Kriegsbeginn.

Köln eine neue rechtsrheinische Industriemetropole werden, für die es auch schon einen Namen gab: »Trutz-Köln«.
Die Kehrseite des Industriebooms waren die Quartiere und Wohnbauten mit den billigen Arbeiterunterkünften, ohne sanitäre Anlagen, oft nur einem oder zwei Räumen für die kinderreichen Proletarierfamilien. Es waren meistens verarmte Landbewohner aus der Eifel oder dem Hunsrück, dem Bergischen und dem Sauerland, die sich als Lohnarbeiter in Köln verdingten. In dieser Zeit entstanden die Figuren von Tünnes und Schääl als Repräsentaten der widerstreitenden Kulturen: auf der einen Seite der schlaue, bisweilen auch hinterhältige Verstandesmensch Schääl, Urtyp des urbanen Städters, und auf der anderen Seite der vor allem triebgesteuerte Tünnes, proletarisierter Abkömmling des eingewanderten Landbewohners.
Weitere Spannungen, die die wachsende Großstadt auszuhalten hatte, waren etwa der konfessionelle Gegensatz des überwiegend katholischen Milieus und des erstarkenden Protestantismus. Das preußische Militär, der Beamtenapparat und auch der größere Teil des Kapitals waren evangelisch, die übergroße Mehrheit der Kölner jedoch katholisch. Dieser Umstand wird gern als Grund für die oft behauptete Preußenfeindschaft der Kölner angeführt. Dabei war der Unterschied zwischen Köln und Berlin eher ein gefühlter als ein wirklicher Konflikt. In kaum einer Stadt wurden den Hohenzollern, oft noch zu Lebzeiten, so viele Denkmäler gebaut wie in Köln, gab es so viele Straßen und Plätze mit den Namen preußischer Herrscher, Militärs oder Politiker.

In keiner Stadt kompensierte sich die Distanz so gekonnt im stolz inszenierten Karneval – von der Ironie über die Stilisierung bis zur Imitation. Der Höhepunkt der Unterwerfung unter das Preußentum war wohl die freiwillige Änderung des kölschen »Helden Karneval« in den »Prinz Karneval« nach dem Deutsch-Französischen Krieg, als es im Deutschen Reich nur noch einen einzigen Helden gab: den frisch gekürten Kaiser Wilhelm I.
Am ehesten wurden diese Konflikte im Kulturkampf handgreiflich, als der Staat versuchte, in Fragen wie der Zivilehe, der katholischen Orden oder der politischen Betätigung von Priestern den Einfluss der Kirche zurückzudrängen. Der Höhepunkt war die Haft des Kölner Erzbischofs Paulus Melchers 1874, der ein halbes Jahr erst im Klingelpütz und später im holländischen Exil verbrachte – was die Kölner nicht im Mindesten hinderte, gleichzeitig mit allem Gepränge den neuen Dom einzuweihen, zwar ohne katholischen Erzbischof, aber mit protestantischem König.
Auf der anderen Seite hatte die katholische Zentrumspartei politisch eine dominierende Stellung, die sie mit kleinen Ausnahmen bis zum Dritten Reich beibehalten sollte. Das ist vielleicht eine der typischesten Eigenschaften der neuen Großstadt im Aufbruch: Sie war trotz aller proletarischen Massen und großindustriellen Milieus die Stadt des Zentrums, so wie sie auch die Stadt der Banken war und – erstaunlicherweise – eine Stadt des Militärs.
Der Erste Weltkrieg hatte für die Domstadt am Rhein seine besondere Bedeutung in der Nähe zu den westlichen Fronten

Kölner
Local-Anzeiger
General-Anzeiger für die rheinische Hauptstadt. • Kölner Fremdenblatt.
Nr. 260. Köln, Mittwoch, 19. September 1917. 31. Jahrgang. Heute 8 Seiten
Der neue Kölner Oberbürgermeister.
Gegen Wilson.

Konrad Adenauer wird 1917 zum Oberbürgermeister gewählt.

– nicht nur als Nachschublager der preußischen Armeen, sondern auch als Stadt der Rüstungsproduktion oder des Rückzugs der geschlagenen Verbände nach dem Kriegsende 1918. Im Unterschied zu Berlin oder München etwa spielten aber die revolutionären Arbeiter- und Soldatenräte am Rhein keine Rolle. Der damalige Oberbürgermeister Konrad Adenauer verstand es geschickt, sich in Absprache mit dem Sozialdemokraten Wilhelm Sollmann an die Spitze der Bewegung zu setzen und sie gleichzeitig ins Leere laufen zu lassen. Diese erfolgreiche Kooperation von bürgerlicher und sozialdemokratischer Stadtpolitik war vielleicht die Geburtsstunde des modernen kölschen Klüngels, der immer schon den Ausgleich dem Konflikt und die Erledigung eines Problems mit sanften Mitteln dem harten Interessenkampf vorzog – nicht ohne die eigenen Interessen aus dem Auge zu verlieren. Wer auch immer in Köln an der Macht war, das Zentrum in der Weimarer Zeit oder die Sozialdemokratie den längsten Zeitraum während der Bonner Republik, das andere Lager war immer in die wichtigsten Entscheidungen, vor allem die Personalien, eingebunden.

[Zwischen den beiden Weltkriegen

Adenauers Amtszeit als Oberbürgermeister ist städtebaulich vor allem von einer langfristig angelegten Stadtentwicklung geprägt. Ob Gründung und Bau einer neuen Universität, der Ausbau des inneren Grüngürtels und Lindenthals bis zum Stadtwald, die Ansiedlung der Fordwerke oder die Expansion der Messe auf dem rechten Rheinufer, das alles waren – trotz leeren Stadtkassen – perspektivische Entscheidungen.
Geprägt wird die Stadt an ihrer Rändern und in ihren Vororten seitdem von den zahlreichen Genossenschaften, die ob christlich-sozial oder sozialistisch eine Fülle von Wohnsiedlungen, Gemeinschaftseinrichtungen und sogar kollektiven Produktionsbetrieben errichteten. Köln war in den 1920er Jahren eine Hochburg der Genossenschaften, und diese haben bis heute einen entscheidenden Anteil an der öffentlichen Wohnraumversorgung.

Hitler am 28.3.1936 in Köln.

Prägend für das Jahrzehnt nach dem Ersten Weltkrieg wurde überdies die künstlerische Szene in den städtischen beziehungsweise öffentlichen Kultureinrichtungen wie Oper, Museen, Musikschule oder dem neuen Rundfunk. Und auch kreative Geister wie die Dadaisten oder Kölner Progressiven, die Fotografen, Maler und Bildhauer trugen der Stadt zum ersten Mal wieder seit der berühmten Malerschule im späten Mittelalter den Ruf als Kunststadt von Rang ein.

Das alles war zu Ende mit der so genannten Machtergreifung der Nazis. Wie in anderen deutschen Großstädten war dies mit Terror und öffentlichem Unrecht verbunden – obwohl sich die Stadt lange zugute hielt, echte Nazis seien die Rheinländer respektive die Kölner nicht gewesen, was ja auch die Wahlergebnisse der NSDAP auswiesen. Tatsächlich war die Zahl der Nazi-Wähler im Schnitt zehn Prozent unter dem Durchschnitt, aber nur bis zur Machtübernahme, dann waren die Kölner genauso angepasst autoritätshörig und antisemitisch wie andere deutsche Kommunen und Stadtgesellschaften auch. Die schnelle Anpassung ist vielleicht auch ein Hinweis auf den opportunistischen Charakter der Stadt. Nichts kann das besser illustrieren als eine Erinnerung Adolf Hitlers, der bei seinen berühmten Tischgesprächen vom letzten Empfang vor Kriegsbeginn in Köln erzählte: »bei dem ihm mehrere Hunderttausend die größten Ovationen seines Lebens vor dem Hotel gebracht hätten. Vor Freude über sein Erscheinen habe die ganze Menge jedes Mal bei seinem Betreten des Domhotelbalkons geschunkelt (...) Das Schönste aber sei der Gesang des Kölner Männergesangvereins (...) und als er die Rheinlandhalle dann verlassen habe, hätten sämtliche Kölner Glocken geläutet. Wunderbar (...)«

Köln am 8. Mai 1945.

> Die Kölnarena: Das neue Markenzeichen am nächtlichen Kölner Himmel.

Die Millionenstadt wächst weiter

Die neue Stadt nach dem Krieg bis zur Gegenwart

Als sich das Oberkommando der Wehrmacht am 6. März 1945 mit den Worten verabschiedete: »Der Trümmerhaufen Köln wurde dem Feind überlassen«, lebten in den Bunkern und Ruinen der linksrheinischen Innenstadt wenig mehr als 10.000 Menschen. Das meiste war zerstört, von Köln kaum noch etwas zu sehen. Der Zweite Weltkrieg hat die Stadt mehr verändert als jedes andere Ereignis in der langen Geschichte vorher. Selbst die Jahrhunderte zwischen römischem und mittelalterlichem Köln mit allen vorbeiziehenden Völkern und ihren Eroberungen, selbst der Verfall, Abbruch oder Brand, das alles hat mehr stehen gelassen als der vierjährige Bombenkrieg. Mit dem Wiederaufbau waren die kleinräumlichen Milieus um die alten Kirchenbezirke dahin, die »Veedel«, und damit ein wesentlicher Bezugspunkt des Lebens in der Stadt. Ebenso war es mit den früher geschlossenen Arbeiterbezirken vorbei. Heute singen die Kölner vom Veedel, während sich der Schwerpunkt des städtischen Lebens durch den raschen Auf- und vor allem Neubau eher in die Vororte und Stadtteile verlagerte. Das Zentrum wurde zum Dienstleistungs-, Kauf- und Verwaltungsmittelpunkt. Die starken Zerstörungen in der City führten zunächst zu einem raschen Aufbau, weswegen Köln heute eine der Städte mit dem größten Bestand an Architektur der 1950er Jahre ist – deutlich an Büro- und Geschäftsbauten zu sehen, von denen viele unter Denkmalschutz stehen. Ein ganzes Quartier wie das innerstädtische Griechenmarktviertel, Anfang der 1950er Jahre hochgezogen, niedrig bebaut, mit teilweise umgebenden Grünanlagen und großen Freiflächen, ist ein authentisches Bauensemble dieser Epoche. Das Prägende aber sind die großen Achsen für den Individualverkehr, die nach dem Wegräumen der Trümmerberge – die übrigens an der Inneren Kanalstraße aufgeschüttet seitdem die Hügel des Herkulesbergs bilden – in die Stadt geschlagen wurden. Die Pläne dazu waren nicht sehr alt, sie wurden noch während des Krieges von der NS-Stadtplanung erstellt, deren zum Teil selben Mitarbeiter sie nach dem Krieg aus der Schublade holten. Die Ost-West-Achse, die heutige Hahnenstraße, war ursprünglich als Aufmarschboulevard zwischen Aachener Weiher und einem neuen Gauforum in Deutz geplant. Die Nord-Süd-Fahrt – stimmiger Zufall ist die sprachliche Abkürzung NS-Fahrt – wurde zwar etwas verschwenkt, dafür aber erheblich breiter als im Dritten Reich angedacht Anfang der 1960er Jahre realisiert. Sie ist eine der verheerendsten Bausünden der Nachkriegszeit, weil sie die alten Quartiere zerteilt und dem Autoverkehr massenhaften Zutritt in die City verschafft. An deren Folgen laboriert die Verkehrs- und Stadtplanung bis heute.

[Die »stadtkölsche Vernunft«

Mit der Zerstörung des alten Kölns waren auch die vormaligen politischen Koordinaten dahin. Zwar gab das Bürgertum bald wieder in der Stadt den Ton an, aber die neue christliche Partei CDU repräsentierte mehr als das Besitzbürgertum in Köln wie überhaupt im Rheinland doch eher die sozialpolitische Komponente des alten katholischen Zentrum und vor allem: Die Sozialdemokratie holte schnell auf. 1948 kam es zu einem Stimmenpatt zwischen den beiden Lagern, und um nicht die Kommunisten das Zünglein an der Waage spielen zu lassen, entschied man sich ganz im Sinne einer »stadtkölschen Vernunft« für eine Halbierung der Macht. Ab sofort rotierte der Oberbürgermeister jährlich im Amt, abwechselnd ein Schwarzer und ein Roter, und das ganz ohne Wahl und Abstimmung. Ein ausgeklüngelter Pakt, der als Geburtsstunde des spezifischen Kölner Klüngels moderner Prägung angesehen werden kann, denn fortan hielt keine der beiden Parteien die andere Seite fern von den Trögen der Macht. Selbst als die SPD 1956 die Mehrheit stellte und seitdem alle Oberbürgermeister bis Ende des Jahrhunderts, war doch die CDU immer mit ihren Leuten in den entscheidenden Positionen der Stadtspitze und den großen städtischen Unternehmen vertreten.

Erst in den 1970er Jahren kam es mit dem Auftreten der neuen sozialen Bewegungen zu größeren politischen Eruptionen. Aus Kreisen der Studentenbewegung, aber auch anderer kritischer Milieus begannen immer mehr Kölnerinnen und Kölner, sich außerhalb der etablierten Parteien in die Stadtpolitik einzumischen. Die Themen waren Verkehrsplanung und Stadtautobahn, Wohnungspolitik und Industrieansiedlungen, Zerstörung von billigem Wohnraum oder die Psychiatrie, Reformschulen und Kindergärten – es gab kaum ein Thema, zu dem es nicht eine Initiative gab mit eigenen Ideen und Vorschlägen. Köln war eine Hochburg der Hausbesetzer ebenso wie der Bürgerinitiativen, es gab zahllose Stadtteilgruppen oder Betriebsinitiativen, Schülerkomitees neben Künstlerprojekten. In Köln tummelten sich Feministinnen und Friedenskämpfer, Umweltaktivisten neben betrieblichen Selbstverwaltern. Das kulturelle Milieu wurde dadurch nachhaltig beeinflusst, wie überhaupt die Wahrnehmung von Kunst und Kultur, Städtebau und Architektur enorm zunahm. Da dies gleichzeitig die Jahrzehnte enormer baulicher Veränderungen und städtischer Großplanungen der regierenden Sozialdemokratie waren – von den Museumsbauten, über die neue Stadt Chorweiler, von der Kölnarena mit dem angehängten technischen Rathaus bis zur Müllverbrennungsanlage, von den U-Bahnen bis zur Stadtautobahn –, gab es auch entsprechende Proteste und Kritik. In diesen Konflikten etablierte sich die neue Partei der Grünen, die in Köln als einziger deutscher Millionenstadt auf kontinuierlich wachsende Zustimmung blicken konnte. Als sich dann gegen Ende des Jahrhunderts die SPD-Spitze durch aufgeflogene Klüngel- und Korruptionsskandale selbst enthauptete, war dies auch das Ende dieser Epoche der Stadtpolitik.

Das neue Jahrtausend beginnt in Köln offen, aber auch ange-

Protest gegen die Stadtautobahn an der Inneren Kanalstraße in Nippes im Mai 1977.

schlagen. Die CDU wurde nach fast 50 Jahren wieder zur Mehrheitspartei, konnte allerdings bald nur noch mit Hilfe der Grünen regieren. Dabei gibt es bei leeren Stadtkassen einen Berg von Problemen finanzieller Art, aber auch anstehender Themen um die Zukunft einer sozialen und kulturell attraktiven Stadt. Städtebau und Verkehr, öffentlicher Wohnraum und soziale Vorsorge, kommunale Einrichtungen und die enormen Veränderungen vor dem Hintergrund der kontinuierlichen Immigration, die zu einem Anteil von rund einem Fünftel der Kölner aus Ein- und Zuwandererfamilien geführt haben, alles dies steht für eine grundlegende Neubewertung an. Deutlich ist, dass eine Epoche zu Ende gegangen ist und man längst noch nicht absehen kann, wie diese Stadt Köln sich in die nächsten Jahrzehnte ihrer langen Geschichte entwickeln wird.